KB273720

백립어린이교회를 개척하며

·

제2의 백립어린이교회 개척을 소망하며

왜람된 설교

초판 발행 2018년 11월 8일

지은이 장 현
펴낸이 허동선

펴낸곳 은혜미디어
등 록 제2018-000144호
주 소 경기도 고양시 덕양구 권율대로 902
       테마프라자 304호

전 화 02)388-3692
팩 스 02)6442-3692

편 집 김지은
일러스트 다한 (DAHAN)

ISBN 979-11-958296-4-4

* 잘못된 책은 교환하여 드립니다.

'왜?'라는 질문으로부터 시작된

외람된 설교

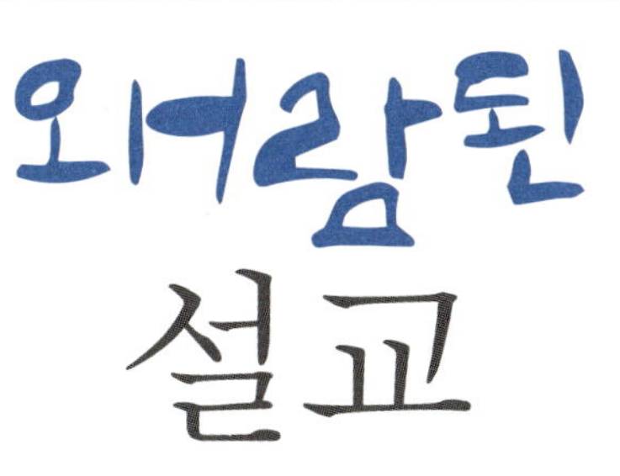

장 현 지음

은혜미디어

알기 쉬운 성경 이야기

서울장신대학교 교수 | 김 호 경

설교를 한다는 것은 어려운 일입니다. 부담스럽기도 합니다. 이런 부담과 어려움은 하나님의 말씀을 전하는 사람들이 벗어날 수 없는, 벗어나서도 안 될 짐입니다. 하나님의 말씀을 인간이 전한다는 것은 위험스럽고 조심스러운 일이기 때문입니다. 한갓 인간이 하나님의 뜻을 알면 얼마나 알 수 있겠습니까? 어쩌면 그것은 불가능할지도 모르는 일입니다.

그러나 이 불가능을 가능으로 만들어주는 것이 바로 성경입니다. 성경에는 하나님을 만난 수많은 사람들의 이야기가 기록되어있고, 그 이야기들을 통해서 우리는 하나님의 뜻을 조금이나마 알 수 있습니다. 성경을 통해서 확증된 하나님의 모습이 우리가 따라가야 할 길이며 우리가 이루어야 할 하나님의 뜻입니다. 그러니 누군가가 성경 속 이야기들을 잘 풀어주어 하나님의 뜻을 알게 하고 믿음의 바른 길을 가게 한다면 얼마나 고마운 일입니까!

장현 목사님의 설교집을 읽으면서 그런 고마움을 느낍니다. 어쩌면 이렇게 성경에만 집중할 수 있을까! 고마움과 동시에 놀라움을 느꼈습니다. 성경 이야기만으로도 충분히 재미있는 이야기를 펼쳐 놓았기 때문입니다. 성경은 딱딱하고 어려운 책이라고 생각할 수 있지만, 누군가가 이렇게 그 의미를 풀어주면 재미있고 다가가기 쉬운 말씀이 됩니다. 성경에 가는 길을 이렇게 마음 편하게 만들어 놓으면, 성경의 의미를 끄집어내기는 훨씬 수월해집니다. 그러면 하나님의 뜻을 알게 되고 그 뜻을 행하게도 됩니다.

그런데 많은 사람들은, 성경을 쉽게 설명하기 위해서 재미있는 예화를 사용하거나 다른 일상적인 이야기를 해야 한다고 생각하는 경우가 있는 듯합니다. 특히 어린이 설교에는 이런 일이 필수적이라고 말하기도 합니다. 어린이들은 집중력도 약하고 이해력도 떨어진다고 생각하기 때문입니다. 그러나 장현 목사님의 설교집에는 고맙게도 이런 부수적인 것들이 없습니다. 아마 어린이들도 하나님의 말씀에만 집중할 수 있다고 생각한 듯합니다.

추천사

예화나 다른 부수적인 것들이 없더라도 성경의 말씀에 집중할 수 있는 힘이 성경에 있습니다. 그러나 설교를 통해서 성경의 말씀에 집중하기 위해서는 훈련이 필요합니다. 그것은 단번에 이루어지는 일이 아니기 때문입니다. 그러므로 이런 훈련을 위해서 설교자들의 노력과 의지가 필요합니다. 설교자들 자신이 말씀에 집중해야 하며 그것을 잘 전달하려고 노력해야 합니다. 장현 목사님의 설교집은 말씀에 대한 목사님의 이러한 의지와 성도들을 말씀으로 성장시키려는 사랑으로 가득합니다. 감사한 일입니다.

그래서 이 설교집은 다음의 설교를 기다리게 합니다. 말씀을 읽는 재미와 의미로 충만한 장현 목사님의 설교가, 읽는 이들의 생명을 살리며 교회를 부흥시키는 밑거름이 되기를 기도합니다.

왜람된, 발간사

도서출판 은혜미디어 대표 | 허 동 선

어색한 분위기를 깨기 위해 애써 만들어낸 질문을 하는 사람이 있다. 알고 있으면서 얼마나 알고 있는지 떠보려고 질문하는 사람이 있다. 생각 없이 떠오르는 대로 질문하는 사람이 있다. 궁금함을 못 참아 질문하는 사람도 있다. 그리고 알고 싶어서, 깨닫고 싶어서 질문하는 사람이 있다.

장현 목사의 질문은 알기 위해, 깨달아 가기 위해 시작된다. 많은 목회자들이 배우고 익힌 기본적인 지식으로 매우 보편타당한 질문에 답을 한다. 이 보편타당한 답과 이를 이어온 신학자와 목회자들이 만든 답은 상당히 그럴싸하다. 그럼에도 불구하고 한 번 더 생각하며 성서를 깊이 있게 연구하는 목회자들이 있다. 이들에게 알기 위해, 깨달아 가기 위해 하는 질문은 곧 갈증이 된다.

장현 목사의 질문은 논증이나 깊이를 따지기 위해 시작된 것이 아니다. 해결하지 못하는 갈증으로부터 시작되는 질문이다. 갈증을 해결하기 위해 성서에 집중했다. 때로는 위태해 보이고, 때로는 불편해 보이고, 때로는 목이 메어 보이는 채로 갈증을 드러낸다. 그리고는 서로 말하지 않았던 질문과 답을 통해 목을 축이기도 한다. 그래서 필자의 설교문을 보면서 '왜람된'이라는 말이 떠올랐다. "왜?"라는 질문을 던지고 수줍어하면서도 단호하게, 솔직하면서도 조심스럽게 답을 찾아가는 모습이 그렇게 보였다. '외람된'이라는 말은 사용자를 너무 비약하지만, 출간과 함께 만든 신조어 '왜람된'은 "왜?"라는 질문을 조금은 엉뚱하게 그리고 정확하게 던지려는 저자의 성향을 표현한다고 할 수 있겠다.

장현 목사는 '왜람되게' 성인교회가 아닌 어린이교회를 주창하고 실현했다. 재정과의 싸움, 편견과의 싸움, 자신과의 싸움이 가득했지만 도전했다. 정말 왜람되다. "왜? 어린이들만 나오는 교회는 설 수 없는가?", "왜 재정문제에 교회가 메여야 하는가?", "어떻게 어린이들에게 하나님의 사랑과 은혜와 뜻을 가르칠 것인가?" 등의 보편적인 질문을 던지면서도 하나님께서 만드신 자연과 어린이의 만남, 성서와 어린이의 만남을 실천하고 있다. 쉽지 않았고 우려는 현실이 되어 계속 힘겨운 시간이었을 것이다. 그럼에도 불구하고 자신에게 던졌던 왜람된 첫 질문을 간직하며 지켜나가고 있다.

부디 장현 목사의 꿈이 유지되기를 소망한다. 돕는 손길들이 생기고 왜람된 도전에 고개를 끄덕이며 축복하는 사람들이 많아지기를 기대한다. 모든 사람들이 엉뚱한 발상이었다고 말했을 텐데도 꿋꿋이 백립어린이교회를 지켜나가고 발전시키는 모습에 박수를 보낸다.

이 책을 통해 우리 스스로 던져야 할 왜람된 질문들이 교회를 건강하게, 자신을 가치 있게 만들어가기를 바라며, 백립어린이교회를 위해 기도하는 사람들과 후원자들이 넘치기를 축복한다.

한국교회의 위기는 기복주의와 관련이 깊다. '기복주의'는 하나님 앞에 한 인간으로 직면하지 못하게 하고, 신앙으로 위장한 욕망으로 하여금 마음대로 활동할 수 있게 만드는 도구이다. 그래서 물질만능, 기도만능, 예배만능, 성장주의에 숨은 기복신앙은 복음의 열정과 닮아있지만 한 발짝 더 들어가면 인간의 욕망과 깊은 관계가 있다.

인간의 욕망은 교훈이나 교육과 같은 것으로 우리가 간단하게 처리할 수 있는 것이 아니다. 인간의 욕망이 그렇게 간단한 것이었으면 예수님께서 죽임을 당하는 사건은 일어나지 않았을 것이다. 이런 인간에 대한 이해 없이 쏟아지는 삶의 지침서와 같은 메시지는 교회에게 죽음이다.

이와 같은 교회의 상황에서 나온 나의 설교들은 첫째로 인간의 욕망을 자극하는 설교를 상기시키는 목적이 있다. '진짜 그런가?' 이렇게 묻는 것이다. 예를 들면 '기도하면 하나님께서 반드시 응답하신다.'라는 말에 '과연 그런가?'

하고 묻는 것이다. 기복주의, 물질만능, 기도만능, 예배만능, 성장주의의 명분의 근거를 흔드는 것이다. 예수님께서 바리새인들의 성서해석을 문제 삼고 싸웠듯이 우리도 그들의 성서해석의 근거를 찾아내 싸워야 한다는 것을 알았기 때문이다.

둘째, 설교자는 본문의 해석에 집중하고 삶의 적용은 성도들의 몫으로 남겼다. 구체적이고 세밀한 삶에 대한 적용은 성도들이 말씀 앞에 서는 것을 방해하기 때문이다. 욕망의 문제를 해결하기 위해서는 먼저 하나님과 말씀 앞에 서야 한다. 절대자 앞에서 인간의 한계를 인정하지 않고서는 인간의 욕망의 문제를 바로 볼 수 없기 때문에 적어도 삶의 적용만큼은 성도들이 스스로 할 수 있도록 해야 한다. 그런 의미에서 나의 설교들은 미완성이다.

셋째, 어린이교회를 개척한 동기와 의미를 나누기 위해서이다. '왜 어린이부서가 아니라 어린이교회인가?' 하는 의문이 생길 수 있다. 어린이부서가 중요하다는 것을 강조하는 의미도 있고 어린이부서를 재건하는 것이 엄청난 에너지가 들어가야 한다는 의미도 있다. 담당사역자가 많은 에너지를 쏟기 위해서는 개별성과 독립성을 확보해야 하기 때문에 부서가 아닌 교회를 선택하였고, 재정적인 독립의 어려움을 덜고 교회가 그리스도의 한 몸임을 신앙으로 고백하는 공교회의 의미로 교회 안에 교회로 개척하게 되었다.

또한 어린이교회의 필요성은 5년간 교회 어린이집을 운영하면서 느낀 절실함의 결과이다. 현재 아이들의 몸과 마음이 많이 아프다. 심각하게 말하면 죽어가고 있다. 심지어 재미있게 배우면 된다는 부모나 사회에 의해 3살부터 학습지를 풀며 몸과 마음이 곪아가고 있다. 그러나 아이들은 재미있게 배운다는 것이 노는 것과 다르다는 것을 감각적으로 안다. 아이들에게 놀이는 밥이고 생명인데 한국에서 놀이는 패배이고 실패다. 이런 현실이 너무 괴롭다. 자기 자식을 다른 자식보다 앞서게 하고 싶은 욕망 앞에서 나의 설득은 무기력하다.

시골에도 많지는 않지만 아이들이 있다. 그리고 아이들이 마음껏 뛰어놀 수 있는 자연이 있다. 그러나 아이들과 자연의 가치를 발견하고 아이들과 자연을 연결하려는 사람은 부족하다. 어린이교회는 아이들과 자연, 그리고 신앙을 연결하려는 교회이다. 또한, 성서의 인간 이해를 바탕으로 인간의 욕망을 어떻게 처리하는지를 고민하는 교회이다. 인간의 욕망과 어린이부서의 소외는 관련이 깊다.

어린이부서가 덜 중요하다는 이유와 생산적이지 않다는 이유로 소외되었기 때문이다. 기독교는 작은 것과 생산적이지 않은 것을 가치 있는 것으로 보는 종교이다. 그렇게 되려면 세상의 가치는 항상 교회 안에서 용해되어 새로운 가치로 태어나야 한다. 그러나 세상의 가치가 어느 순간 교회의 가치가 되었다.

물론 어린이부서는 재정이 들어가기만 하는 곳이다. 그러나 이것은 세상이 돈을 보는 시선이지 교회가 가져야 할 시선이 아니다. 어린이부서의 재정 사용은 세상의 가치가 신앙의 가치로 변하는 것이다. 재정이 없어지는 것이 아니라 새로운 가치를 부여받는 것이다. 우리가 그것을 볼 수 없다면 우리는 세상적이다.

세상의 가치를 바꾸는 것, 육적인 가치를 영적인 가치로 바꾸는 힘이 교회에 다시 회복되기를 바라는 것이 어린이교회의 목표이다. 어린이교회의 개척은 이런 의미가 있다. '작은 것이 작지 않으며, 생산적이지 않은 것이 생명을 낳는다.' 저자는 어린이교회가 교회성장의 프로그램이 되는 것을 거부한다. 다만 지금까지 여러 가지 관점에서 소외되어 온 어린이부서를, 기독교의 신앙에서 다시 보려는 하나의 대안이 되기를 소망한다.

　끝으로 성서 해석자의 자리는 자신의 허물을 보게 되는 자리이다. 그보다 더 힘든 것이 목회자의 허물이 드러나는 것을 가장 가까이서 확인하는 목회자의 가족인데 그 자리를 감당해준 아내와 아이들에게 감사한다. 금사교회의 오승현 목사님과 최경숙 목사님께도 감사드린다. 두 분은 연고 없이 찾아온 부부를 가족으로 받아주시고 부모가 되어주셨다.

　본석교회 모든 교인들에게 감사를 드리고, 저의 요청으로 본석교회를 섬기시는 여병찬 목사님에게 감사드린다. 그리고 어린이교회의 아이디어를 주신 본석교회 김정수 장로님께 감사드린다. 어린이 부서의 장으로 섬기면서 어린이가 주가 되는 어린이 교회를 꿈꾸셨다. 지금도 어린이 교회 100개의 개척을 꿈꾸며 일하신다.

　성서해석의 기본이 되는 여러 관점을 가르쳐주신 서울장신대학교 김호경 교수님께 감사드린다. 학창 시절 무작정 찾아온 제자의 설교들을 읽어주시고 도움 될 책들을 소개해주셨다. 출판에 도움을 준 은혜미디어 허동선 목사님과 직원들에게 감사한다.

부 록

　　저자가 담임목사로 섬기던 본석교회는 장석교회 30주년 기념교회이다. 장석교회를 본받아 본석교회도 30주년에 교회 개척을 꿈꾸고 준비하고 있었다. 최근에 한국교회의 생존을 위한 교회 안의 교회가 회자되고 있다는 것과 도시교회 어린이부서는 물론이고 시골교회 어린이부서가 괴멸상태에 있다는 것이 어린이교회 개척의 아이디어가 되었다.

　교회 개척에는 많은 것들이 필요했지만 교회의 준비가 부족해서인지 사역자를 구하지 못해서 본석교회의 담임목사를 청빙하고 2017년 10월 저자가 어린이교회를 개척하게 되었다. 참고로 본석교회는 노인들이 대다수인 미자립교회이다.

　　백립은 '백성자립, 백성독립'의 준말이다. 교회의 담임목사로, 어린이집 대표로 항상 주장했던 것이다. 사람은 교회나 목사의 종으로 또는 물질이나 어떤 피조물의 종으로 살아서는 안 되는 존재라고 믿기 때문이다.

　　현재 매주 성서를 읽는 것에 중점을 둔 예전적 예배를 드린다. 본석교회가 운영하는 본석어린이집은 아이들의 육과 영의 건강을 위해 숲과 놀이를 강조한다. 어린이교회는 거기에 약간의 노동을 추가하려고 한다.

　　현재 어린이집을 다니는 두 아이가 기웃거릴 뿐 아직 어린이교회 성도는 없다. 다만 고등학생 아들과 중학생 딸이 함께 예배드린다. 어린이교회 방향은 본석어린이집의 블로그를 통해서 확인이 가능하다.

어린이교회 생존을 돕는 방법

1. 책을 사서 읽는다.

2. 책을 타인에게 선물한다.

3. 어린이교회의 생존이 의미있다고 여겨진다면 금액과 기간에 상관없이 선교비를 보낸다.

4. 제2의 어린이교회를 위한 모교회나 사역자가 된다.

5. 한국 교회를 위해 기도한다.

선교비를 보내는 방법

농협 356-1328-2670-93 (장 현)

노회에서 인정하는 교회의 형태가 아니라서 개인통장을 사용할 수밖에 없다.

재정보고

매년 첫 주, 백럽어린이교회 블로그에 올린다.

첫째, 어린이들이 마음껏 뛰어놀 수 있는 실내, 실외 공간을 만들기 위함이다. 실내 공간은 작은 체육관 같은 공간이고 실외 공간은 숲이다. 어린이집 유희실을 쓸 수는 있지만 초등학생은 더 넓고 높은 공간이 필요하다.

둘째, 제2의 백립어린이교회 개척을 위해 쓰여진다. 이제 막 개척한 교회가 또 다른 교회를 개척하는 것이 이해가 되지 않을 것이다. 저자는 어린이들과 자연의 가치를 귀하게 보는 분이 있다고 믿고 있다. 그런 교회나 담임목사님께 교회의 일부를 어린이교회로 개척하는 것을 제안하는 것이다.

셋째, 개척하게 될 교회의 사역자 생활비와 교육에 들어가는 비용이다. 어린이교회는 성도들의 헌금으로 유지되는 교회가 아니라서 현재 백립어린이교회 사역자는 어린이집 운전자와 교사로 일하고 있다.

_ 백립어린이교회 문의   010-4380-9763 장 현 목사

백립은 백성자립이다. 백립의 첫 글자 백의 한자는 百이다.
백은 백 개라는 의미이다.
그러나 여기서 백은 "많다", 또는 "모든" 이라는 의미이다.
립의 한자는 立이다. 사람이 서있는 모양이다.
"서다"의 뜻은 16가지나 된다.
우리는 "바로 잡히다", "짜임새 있다", "바로 유지되다"의 의미로 쓴다.
백립은 "모든 사람이 사람으로 서다", "모든 사람이 사람답게 되다"는 의미가 될 수 있다.
사람이 사람답게 되는 것의 출발점은 인간의 근원인 부족함, 한계를 인식하는 것이라고 한다.
성서에는 인간의 부족함과 한계를 분명하게 드러나게 하는 도구가 있다.
성서는 그 도구를 이용하여 집요할 만큼 지속적으로 인간의 부족함을 강조한다.
그것은 불예측성이다.
인간은 미래를 예측할 수 없다고 몰고 붙여진다.
인간이 알 수 없는 것이 있다는 것은 자신의 삶의 주인이 아니라는 뜻이다.
주인이 아니라는 것은 자신의 힘으로 살지 못하고 기대어 살아야 한다는 뜻이다.
성서의 불예측성을 드러내는 단어는 영, 사랑, 은혜, 자비와 같은 것들이다.
이것들은 인간의 입장에서 행위와 결과가 일치하지 않을 수 있는 것들이다.

백립어린이교회

제0권 12호 2017년 10월 29일
설립: 2017년 10월 22일

백립어린이교회는 본석교회가 30주년 기념으로 본석교회 안에 세운 어린이교회입니다. 백립은 "모든 사람이 사람으로 서다" 뜻입니다.

제 공 자 : 장 현
제 공 일 : 2017년 10월 28일
사진설명 : 2017년 10월 22일 백립어린이교회 개척 간판

예배장소 : 경기도 여주시 가남읍 본두3길 31-21 백립어린이교회
예배시간 : 주일 오전 10:30   담임목사 : 장현 / 010-4380-9763

주일 예배 순서   성령강림 후 제 21주

개회예적

• 예배의 부름   사회자 정 태 향 사모

예수님 시대의 종교는 유대교입니다.
유대교에서 분리된 것이 기독교입니다.
기독교는 예수님을 신앙의 대상으로 삼는 모든 종교입니다.
그 후 기독교는 로마 카톨릭과 동방정교회로 나누어지고 500년 전 로마 카톨릭은 카톨릭과 개신교로 분리되었습니다.
개신교는 다시 장로교회, 감리교회, 침례교회, 성결교회 등으로 갈라졌습니다. 우리 교회는 장로교회입니다.
우리 어린이교회는 예수님을 신앙의 대상으로 삼는 개혁 전통에 속한 장로교 소속입니다. 우리의 신앙의 대상이신 예수님을 예배합시다.

• 공동기도 ... 다함께

오늘은 종교개혁 500주년이 되는 종교개혁주일입니다.
1517년 10월 31일 마틴 루터가 로마 카톨릭의 부패를 지적하고 오직 성경, 오직 은혜, 오직 믿음을 외친지 500년이 되었습니다.
500년 전 그들이 부패속에서도 발견한 진리를 다시 볼 수 있도록 해 주세요.
그들이 왜 오직 성경, 오직 은혜, 오직 믿음을 외쳤는지 알고 싶습니다.
그리고 그것이 우리와 무슨 상관이 있는지 알게 해주세요
예수님의 이름으로 기도합니다. 아멘

• 거룩찬송   5장

• 사죄기도

목 사 : 우리는 아직 어립니다. 그래서 좋은 것과 나쁜 것을 잘 구별하지 못합니다. 그래서 일주일 동안 좋은 행동만 한 것 같지는 않습니다. 우리를 불쌍하게 생각해 주세요
어린이 : 우리를 불쌍하게 생각해 주세요.

파송예적

• 마침찬송

• 위탁의 말씀

이제 성령강림 후 스물 한 번째 주일예배가 끝났으니 하나님을 경험한 어린이로 살아가세요.

• 축복기도 ... 목사

알리는 말씀

• 성령강림 후 제 21주 예배
• 본석교회 창립 30주년과 백립어린이교회 개척예배를 잘 마쳤습니다.
• 식사는 본석교회에서 12시 10분에 먹습니다.
• 예배를 마치고 함께 놀이에 참여합시다.
• 주보 앞에 올릴 사진을 찍어서 목사님 핸드폰에 올려주세요
  찍은 사진 중에 골라서 주보에 올리겠습니다.
  어떤 사진도 좋습니다. 가족, 동물, 식물, 하늘 등등.
  다음 주 사진 올릴 학생 ; 박 주 아
  다음 주 사회 : 장 예안

교회소개

• 백립어린이 교회는 본석교회 창립 30주년 기념교회입니다.
• 백립어린이 교회는 본석교회와 본석어린이집을 이용합니다.
• 백립어린이 교회는 어린이만 다니는 교회입니다.
  어린이는 초등학생을 말합니다.
• 0세~ 7세는 11시에 어린이집에서 놀이합니다.

왜람된 설교

설교 : 오직 성경, 오직 은혜, 오직 믿음   / 담임목사
   오직 : 다른 것은 있을 수 없어

봉헌과 친교예전

• 신앙고백 사도신경
나는 전능하신 아버지 하나님, 천지의 창조주를 믿습니다.
나는 그의 유일하신 아들, 우리 주 예수 그리스도를 믿습니다.
그는 성령으로 잉태되어 동정녀 마리아에게서 나시고
본디오 빌라도에게 고난을 받아 십자가에 못 박혀 죽으시고
장사된 지 사흘 만에 죽은 자 가운데서 다시 살아나셨으며
하늘에 오르시어 전능하신 아버지 하나님 우편에 앉아 계시다가
거기로부터 살아 있는 자와 죽은 자를 심판하러 오십니다.
나는 성령을 믿으며, 거룩한 공교회와 성도의 교제와,
죄를 용서받는 것과 몸의 부활과 영생을 믿습니다. 아멘

• 헌금
• 중보기도   목사
• 주기도 ..... 다함께
  하늘에 계신 우리 아버지, 아버지의 이름을 거룩하게 하시며,
  아버지의 나라가 오게 하시며,
  아버지의 뜻이 하늘에서와 같이 땅에서도 이루어지게 하소서.
  오늘 우리에게 일용할 양식을 주시고,
  우리가 우리에게 잘못한 사람을 용서하여 준 것 같이
  우리 죄를 용서하여 주시고,
  우리를 시험에 빠지지 않게 하시고, 악에서 구하소서.
  나라와 권능과 영광이 영원히 아버지의 것입니다. 아멘.

• 알 림 ..... 목사

목 사 : 하나님은 우리가 잘못한 것을 용서해 주십니다.
어린이 : 아멘! (그렇게 되기를 원합니다.)

• 평화인사
목 사 : 예수 그리스도의 평화가 여러분과 함께!
어린이 : 또한 목사님과 함께!

말씀예전

말씀듣기 전 기도 .... 다함께
주님! 성경은 거룩한 하나님의 말씀입니다. 주시는 말씀을 잘 듣겠습니다.
예수 그리스도의 이름으로 기도드립니다. 아멘.

• 제1독서 신명기 34:1-12   읽기 : 장 예 안
모세는 모압 평지에서 느보 산으로 올라가 여리고 건너편에 있는 비스가 산 꼭대기로 올라갔습니다. 여호와께서는 그 곳에서 모든 땅을 보여 주셨습니다. 모세는 길르앗에서 단까지를 볼 수 있었습니다.
모세는 납달리 모든 땅과 에브라임과 므낫세를 보았고, 지중해까지 유다 모든 땅을 보았습니다.
그리고 남쪽 광야 네게브와 여리고 모든 골짜기에서 소알까지 보았습니다. 여리고는 종려나무 성이라고 부릅니다.
여호와께서 모세에게 말씀하셨습니다. "이것은 내가 아브라함과 이삭과 야곱에게 약속한 땅이다. 나는 그들에게 '이 땅을 너희의 자손에게 주겠다'고 말하였다. 내가 이 땅을 너에게 보여 주기는 했지만, 너는 이 땅에 들어가지는 못할 것이다."
여호와의 종 모세는 여호와께서 말씀하신 대로 모압에서 죽었습니다.
모세는 벧브올 맞은편 모압 땅 어느 골짜기에 묻혔는데 지금까지 그의 무덤이 어디에 있는지 아는 사람은 없습니다.
모세는 백이십 세에 죽었습니다. 그러나 그의 눈은 어두워지지 않았고, 그 때까지도 기력이 약해지지 않았습니다.
이스라엘 백성은 모세의 죽음을 슬퍼하며 삼십 일 동안 울었습니다. 그들은 슬퍼하는 기간이 끝날 때까지 모압 평지에 머물러 있었습니다.
모세가 눈의 아들 여호수아에게 손을 얹었으므로 여호수아는 지혜가 가득해졌습니다. 그래서 이스라엘 백성은 여호와께서 모세에게 명령하신 대로 여호

수아의 말을 따랐습니다.
모세와 같은 예언자는 그 뒤로 한 사람도 나타나지 않았습니다. 모세는 여호와께서 얼굴과 얼굴을 마주하여 말씀하신 사람이었습니다.
여호와께서는 모세를 이집트에 보내셔서 파라오와 그의 모든 신하와 이집트 모든 땅에 표적과 기적들을 일으키게 하셨습니다.
모세에게는 큰 능력이 있었습니다. 모세는 모든 이스라엘 백성이 보는 앞에서 놀라운 일들을 행했습니다.
응답찬송   아멘송! (따~ 미래도)

• 성시교독 (시편 90편 1-8절)   ..... 다함께
하나님은 대대로 우리들의 안식처와 피난처 되십니다.
모든것이 세상에 생기기전 옛날부터 하나님 이십니다.
사람들을 흙으로 돌아가게 하시면서 말씀을 하십니다.
사람아~ 흙으로 돌아가라 사람아~ 흙으로 돌아가라

• 제2독서 데살로니가전서2:1-8   읽기 : 박 주 아
형제 여러분, 우리가 여러분을 방문한 것이 결코 헛되지 않았음을 여러분도 알 것입니다.
여러분도 알다시피, 우리는 여러분에게 가기 전에 빌립보에서 고난을 당하였고 멸시를 받았습니다. 여러분에게 갔을 때도 많은 사람들이 우리를 대적하였습니다. 그러나 하나님께서는 여러분에게 담대하게 하나님의 복음을 전할 수 있도록 우리를 도와 주셨습니다.
우리가 전하는 말은 여러분을 격려하기 위한 것입니다. 우리는 거짓을 말하지 않고, 악한 생각도 품지 않습니다. 결코 여러분을 속이지도 않습니다.
하나님께서 우리를 훈련시키시고 복음을 전하라고 하셨기 때문에 말씀을 전할 뿐입니다. 우리는 사람을 기쁘게 하기보다는, 우리 마음을 살피시는 하나님을 기쁘시게 해 드리기 원합니다.
우리가 여러분이 듣기에 좋은 말을 해서 여러분의 마음을 사거나, 돈을 바란다든지, 욕심을 채우기 위해 거짓으로 행동한 적이 없었다는 것을 여러분은 아실 것입니다. 하나님께서도 우리를 즐거워 주실 것입니다.
우리는 여러분이나 혹은 다른 누군가가 칭찬해 주기를 바란 적도 없습니다. 우리가 그리스도의 사도로서 우리의 권위를 이용해, 여러분이 우리를 칭찬하도록 만들 수도 있었을 것입니다.

그러나 우리가 여러분을 얼마나 온유한 마음으로 대했는지 아실 것입니다. 우리는 어린 자녀를 돌보는 어머니의 심정으로 여러분을 대했습니다.
우리는 여러분을 사랑하기 때문에 하나님의 말씀을 여러분에게 기쁜 마음으로 전할 뿐만 아니라 여러분을 위해 우리의 생명까지도 기꺼이 내어 줄 수 있습니다.
응답찬송   아멘송! (따~ 미래도)

• 제3독서 마태복음 22:34-46   읽기 : 박 주 물
예수님께서 사두개파 사람들의 말문을 막으셨다는 소식을, 바리새파 사람들이 듣고 함께 모였습니다.
그 가운데 율법의 전문가 한 사람이 예수님을 시험하려고 질문을 하였습니다.
"선생님, 율법에서 어느 것이 가장 중요합니까?"
예수님께서 그에게 대답하셨습니다. "네 모든 마음과 모든 목숨과 모든 정성을 다해서, 네 하나님을 사랑하여라.'
이것이 가장 중요하고, 우선되는 계명이다.
두 번째 계명은 '네 이웃을 네 자신처럼 사랑하여라'인데 이것도 첫째 계명과 똑같이 중요하다.
모든 율법과 예언자들의 말씀이 이 두 계명에서 나온 것이다."
바리새파 사람들이 함께 모여 있을 때, 예수님께서 그들에게 질문하셨습니다.
"너희는 그리스도에 대해서 어떻게 생각하느냐? 그가 누구의 자손이냐?" 바리새파 사람들이 대답했습니다. "다윗의 자손입니다."
그러자 예수님께서 그들에게 말씀하셨습니다. "그러면 다윗이 성령의 감동을 받아, 어찌 그리스도를 '주님'이라고 불렀겠느냐? 그는, '여호와께서 내 주님에게 말씀하셨습니다. 내가 네 원수를 네 발 아래 굴복시킬 때까지, 너는 내 오른쪽에 앉아 있어라.' 라고 말하였다.
다윗이 이처럼 그리스도를 '주님'이라고 불렀는데, 어떻게 그리스도가 다윗의 자손이 되느냐?"
아무도 예수님께 한 마디도 대답하지 못했습니다. 그 이후로 아무도 예수님께 감히 질문을 하려고 하지 않았습니다.
응답찬송   아멘송! (따~ 미래도)

암벽타기

목 차

/01/

모여서 뭐하니?

마태복음 18:15~35

[15]네 형제가 죄를 범하거든 가서 너와 그 사람과만 상대하여 권고하라 만일 들으면 네가 네 형제를 얻은 것이요 [16]만일 듣지 않거든 한두 사람을 데리고 가서 두세 증인의 입으로 말마다 확증하게 하라 [17]만일 그들의 말도 듣지 않거든 교회에 말하고 교회의 말도 듣지 않거든 이방인과 세리와 같이 여기라 [18]진실로 너희에게 이르노니 무엇이든지 너희가 땅에서 매면 하늘에서도 매일 것이요 무엇이든지 땅에서 풀면 하늘에서도 풀리리라 [19]진실로 다시 너희에게 이르노니 너희 중의 두 사람이 땅에서 합심하여 무엇이든지 구하면 하늘에 계신 내 아버지께서 그들을 위하여 이루게 하시리라 [20]두세 사람이 내 이름으로 모인 곳에는 나도 그들 중에 있느니라 [21]그 때에 베드로가 나아와 이르되 주여 형제가 내게 죄를 범하면 몇 번이나 용서하여 주리이까 일곱 번까지 하오리이까 [22]예수께서 이르시되 네게 이르노니 일곱 번

33

뿐 아니라 일곱 번을 일흔 번까지라도 할지니라 ²³그러므로 천국은 그 종들과 결산하려 하던 어떤 임금과 같으니 ²⁴결산할 때에 만 달란트 빚진 자 하나를 데려오매 ²⁵갚을 것이 없는지라 주인이 명하여 그 몸과 아내와 자식들과 모든 소유를 다 팔아 갚게 하라 하니 ²⁶그 종이 엎드려 절하며 이르되 내게 참으소서 다 갚으리이다 하거늘 ²⁷그 종의 주인이 불쌍히 여겨 놓아 보내며 그 빚을 탕감하여 주었더니 ²⁸그 종이 나가서 자기에게 백 데나리온 빚진 동료 한 사람을 만나 붙들어 목을 잡고 이르되 빚을 갚으라 하매 ²⁹그 동료가 엎드려 간구하여 이르되 나에게 참아 주소서 갚으리이다 하되 ³⁰허락하지 아니하고 이에 가서 그가 빚을 갚도록 옥에 가두거늘 ³¹그 동료들이 그것을 보고 몹시 딱하게 여겨 주인에게 가서 그 일을 다 알리니 ³²이에 주인이 그를 불러다가 말하되 악한 종아 네가 빌기에 내가 네 빚을 전부 탕감하여 주었거늘 ³³내가 너를 불쌍히 여김과 같이 너도 네 동료를 불쌍히 여김이 마땅하지 아니하냐 하고 ³⁴주인이 노하여 그 빚을 다 갚도록 그를 옥졸들에게 넘기니라 ³⁵너희가 각각 마음으로부터 형제를 용서하지 아니하면 나의 하늘 아버지께서도 너희에게 이와 같이 하시리라 (마 18:15~35)

왜람된 설교

　　본문은 성서에서 용서를 강조하는 아주 유명한 장입니다. 그런데 이 본문을 읽으면서 두 가지의 의문점을 가지게 됩니다. 첫째는 용서를 설명하는 본문 속에서 기도에 관한 내용이 나온다는 것입니다.

"진실로 다시 너희에게 이르노니 너희 중의 두 사람이 땅에서 합심하여 무엇이든지 구하면 하늘에 계신 내 아버지께서 그들을 위하여 이루게 하시리라 두세 사람이 내 이름으로 모인 곳에는 나도 그들 중에 있느니라"(마 18:19~20)

　　위의 말씀은 우리가 아주 잘 알고 있는 기도에 관한 말씀 중 하나일 것입니다. 왜 이곳에 기도에 관한 말씀이 나올까요?

　　둘째는 예수님께서 범죄한 자들을 세 번 정도 권고해보고 안 되면 "이방인과 세리와 같이 여기라"라고 말씀하신 것입니다. 사랑하고 용서하시는 예수님의 말씀이라고 생각하기에 거리감이 있습니다. 왜 이렇게 말씀하셨을까요? 회개할 기미를 보이지 않은 형제는 버려도 좋다는 말씀일까요? 저주의 백성은 어떻게 되든지 상관없다는 말씀일까요?

첫째의 의문은 성경을 잘 읽어보면 풀리는데 마태복음 18장 19~20절의 내용이 단순한 합심기도의 내용이 아님을 알 수 있습니다. 그리고 두 번째 의문은 첫 번째 의문이 풀리면 자동으로 풀리게 됩니다. 그 해답의 열쇠는 마태복음 18장 18절입니다.

> "진실로 너희에게 이르노니 무엇이든지 너희가 땅에서 매면 하늘에서도 매일 것이요 무엇이든지 땅에서 풀면 하늘에서도 풀리리라" (마 18:18)

언뜻 보면 18절은 내용상 앞뒤가 맞지 않는 것 같습니다. 그러나 18절이 없으면 예수님께서 말씀하시고자 하는 본질을 놓치게 됩니다. 그리고 19절과 20절은 단지 합심기도의 위대성을 드러내는 것이 되고 맙니다.

18절을 보면 "진실로 너희에게 이르노니 무엇이든지 너희가 땅에서 매면 하늘에서도 매일 것이요 무엇이든지 땅에서 풀면 하늘에서도 풀리리라"라고 말씀하십니다. 위의 본문을 문맥으로 보면 '너희가 땅에서 용서하지 않으면 하늘에서는 그 문제를 해결하지 않을 것이고 너희가 땅에서 용서하면 하늘에서는 그 문제를 해결할 것이다'라고 해석이 가능합니다.

그렇다면 '하늘에서 해결하는 문제'는 무엇일까요? 마태복음 18장 15절에 "형제가 죄를 범하거든"이라고 기록되어 있는데 다른 성경에는 그 범죄의 대상이 '너에게'라고 기록하고 있습니다. 곧 '형제가 너에게 죄를 범하거든'이라는 말입니다. 이 말을 덧붙여 읽으면 '너희가 용서하지 않으면 하늘에서는 너에게 범한 죄를 회개하지 못하게 할 것이고 너희가 용서하면 네 형제가 회개하게 만들 것'이라는 뜻입니다.

그러면 오늘 읽은 본문을 해석한 것으로 다시 읽어드리겠습니다. 예수님께서 이 본문을 읽으신다고 생각하시면 좋겠습니다.

"네 형제가 네게 범죄해서 그 형제를 권고할 때 용서하지 않는 마음으로 가봐야 소용없다. 용서하지 않는 마음으로 두세 사람을 데리고 가거나, 교회의 권위로 가서 타일러도 그 형제는 절대 회개하지 않는다. 형제가 끝까지 회개하지 않으니까 너희들은 이방인과 세리처럼 취급하려고 한다.

제자들아! 너희들이 용서해야 그 사람이 회개하지, 너희들이 용서하지 않으면 그 사람은 절대 회개하지 않는다.

제자들아! 너희! 모여서 뭐하니! 용서하는 마음으로 합심해서 기도해봐! 내가 너희들을 보아서라도 그 사람 마음 되돌려줄게! 나는 용서하는 사람들과 함께 있다.”

예수님께서는 본문을 통하여 용서의 본질을 말씀하고 계십니다. 우리는 기도가 해결해 줄 것으로 생각하고 모여서 기도합니다. 합심하여 기도하면 하나님께서 기도를 들어 주시고 응답하실 것으로 생각합니다. 그러나 우리의 용서를 수반하지 않는 기도는 듣지 않겠다고 말씀하십니다.

왜 이렇게 말씀하셨을까요? 이것은 제자(교회)들의 기도모임과 관련이 깊습니다. 권고도 해보고, 몇몇이 가보기도 하고, 교회의 권위로 타일러도 봤으면 더 이상 할 것이 없다고 생각한 제자들입니다.

‘제가 할 만큼 했습니다.’

‘참을 만큼 참았습니다.’

‘이제 더 이상은 안 됩니다.’

‘저도 자존심이라는 것이 있습니다.’

그래서 예수님께서는 제자들에게 본문을 통하여 진정한 용서의 의미를 역설하신 것입니다.

위의 본문은 20절까지 해서 모든 이야기가 끝나야 했습니다. 그런데 문제가 발생합니다. 베드로가 이렇게 묻습니다. "그럼 몇 번 용서할까요? 일곱 번까지 할까요?" 예수님의 말씀을 이해하지 못한 겁니다. 베드로의 질문을 좀 더 구체적으로 말하면 '세 번 가지고 안되면 일곱 번 정도면 만족하시겠습니까?'라고 묻고 있는 것입니다.

그러나 예수님께서는 베드로와 우리의 질문에 알기 쉽게 숫자로 답을 설명하십니다. 숫자로 물어왔으니 숫자로 대답하시는 사랑의 예수님, 이해하지 못한 제자에게 서두르지 않으시고 "일곱 번씩 일곱 번이라도 하라"고 말씀하십니다. 무슨 뜻일까요? 역시 예수님의 음성으로 들어봅니다. "베드로야, 용서는 끝이 없는 거야!"

그리고 이해하지 못한 제자들에게 이번에는 임금님의 이야기를 통하여 용서를 설명하십니다. "너희가 용서받았으니 너희도 용서하여라."

용서할 수 있는 힘은 용서받은 경험에서 나옵니다. 죄가 크다고 해서 크게 느끼는 것은 아닙니다. 용서받은 경험은 자기 자신에 대한 인식에 따라 달라집니다. 큰 죄를 작다고 느낄 수도 있고 작은 죄를 크다고 느낄 수도 있습니다. 우리는 임금님의 이야기를 통해서 그것을 알 수 있습니다.

교회(모임)의 힘은 하나님 앞에서 어떤 존재로 있는지에 따라 결정됩니다.

성도 여러분! 오늘 본문의 예수님께서 제자들의 모임에 질문하시는 것처럼 우리 삶에서 일어나는 일들에 성서는 질문하고 있습니다. 성서가 우리에게 던지는 질문들을 묵상하시고 성서가 인도하는 세계로 들어가시는 성도님들이 되시기를 바랍니다.

02

나와 함께 즐기자

누가복음 15:1~32

[1]모든 세리와 죄인들이 말씀을 들으러 가까이 나아오니 [2]바리새인과 서기관들이 수군거려 이르되 이 사람이 죄인을 영접하고 음식을 같이 먹는다 하더라 [3]예수께서 그들에게 이 비유로 이르시되 [4]너희 중에 어떤 사람이 양 백 마리가 있는데 그 중의 하나를 잃으면 아흔아홉 마리를 들에 두고 그 잃은 것을 찾아내기까지 찾아다니지 아니하겠느냐 [5]또 찾아낸즉 즐거워 어깨에 메고 [6]집에 와서 그 벗과 이웃을 불러 모으고 말하되 나와 함께 즐기자 나의 잃은 양을 찾아내었노라 하리라 [7]내가 너희에게 이르노니 이와 같이 죄인 한 사람이 회개하면 하늘에서는 회개할 것 없는 의인 아흔아홉으로 말미암아 기뻐하는 것보다 더하리라 [8]어떤 여자가 열 드라크마가 있는데 하나를 잃으면 등불을 켜고 집을 쓸며 찾아내기까지 부지런히 찾지 아니하겠느냐 [9]또 찾아낸즉 벗과 이웃을 불러 모으고 말하되 나와 함께 즐기자 잃은 드

라크마를 찾아내었노라 하리라 [10]내가 너희에게 이르노니 이와 같이 죄인 한 사람이 회개하면 하나님의 사자들 앞에 기쁨이 되느니라 [11]또 이르시되 어떤 사람에게 두 아들이 있는데 [12]그 둘째가 아버지에게 말하되 아버지여 재산 중에서 내게 돌아올 분깃을 내게 주소서 하는지라 아버지가 그 살림을 각각 나눠 주었더니 [13]그 후 며칠이 안 되어 둘째 아들이 재물을 다 모아 가지고 먼 나라에 가 거기서 허랑방탕하여 그 재산을 낭비하더니 [14]다 없앤 후 그 나라에 크게 흉년이 들어 그가 비로소 궁핍한지라 [15]가서 그 나라 백성 중 한 사람에게 붙여 사니 그가 그를 들로 보내어 돼지를 치게 하였는데 [16]그가 돼지 먹는 쥐엄 열매로 배를 채우고자 하되 주는 자가 없는지라 [17]이에 스스로 돌이켜 이르되 내 아버지에게는 양식이 풍족한 품꾼이 얼마나 많은가 나는 여기서 주려 죽는구나 [18]내가 일어나 아버지께 가서 이르기를 아버지 내가 하늘과 아버지께 죄를 지었사오니 [19]지금부터는 아버지의 아들이라 일컬음을 감당하지 못하겠나이다 나를 품꾼의 하나로 보소서 하리라 하고 [20]이에 일어나서 아버지께로 돌아가니라 아직도 거리가 먼데 아버지가 그를 보고 측은히 여겨 달려가 목을 안고 입을 맞추니 [21]아들이 이르되 아버지 내가 하늘과 아버지께 죄를 지었사오니 지금부터는 아버지의 아들이라 일컬음을 감당하지 못하겠나이다 하나 [22]아버지는 종들에게 이르되 제일 좋은 옷을 내어다가 입히고 손에 가락지를 끼우고 발에 신을 신기라

왜람된 설교

²³그리고 살진 송아지를 끌어다가 잡으라 우리가 먹고 즐기자 ²⁴이 내 아들은 죽었다가 다시 살아났으며 내가 잃었다가 다시 얻었노라 하니 그들이 즐거워하더라 ²⁵맏아들은 밭에 있다가 돌아와 집에 가까이 왔을 때에 풍악과 춤추는 소리를 듣고 ²⁶한 종을 불러 이 무슨 일인가 물은대 ²⁷대답하되 당신의 동생이 돌아왔으매 당신의 아버지가 건강한 그를 다시 맞아들이게 됨으로 인하여 살진 송아지를 잡았나이다 하니 ²⁸그가 노하여 들어가고자 하지 아니하거늘 아버지가 나와서 권한대 ²⁹아버지께 대답하여 이르되 내가 여러 해 아버지를 섬겨 명을 어김이 없거늘 내게는 염소 새끼라도 주어 나와 내 벗으로 즐기게 하신 일이 없더니 ³⁰아버지의 살림을 창녀들과 함께 삼켜 버린 이 아들이 돌아오매 이를 위하여 살진 송아지를 잡으셨나이다 ³¹아버지가 이르되 얘 너는 항상 나와 함께 있으니 내 것이 다 네 것이로되 ³²이 네 동생은 죽었다가 살아났으며 내가 잃었다가 얻었기로 우리가 즐거워하고 기뻐하는 것이 마땅하다 하니라 (눅 15:1~32)

예수님께서 세리와 죄인들과 함께 식사하시는 모습을 본 바리새인들이 수군거리자, 세 가지 비유를 말씀하셨습니다. 첫째는 한 마리 양을 찾는 비유이고, 둘째는 드라크

나와 함께 즐기자

마 하나를 찾는 비유이며, 세 번째는 아들을 찾는 아버지의 비유입니다.

세리와 죄인들을 영접하여 함께 식사하시는 이유를 세 가지 비유로 설명하신 것입니다. 굳이 세 개의 비유로 같은이유를 설명하셨다는 것은 강조하신 것입니다. 세 개의 비유 속에는 같은 문장이 나오는데 그 문장이 비유를 여는 여는 열쇠입니다. 본문을 천천히 읽으시고 찾아보시기 바랍니다.

비유 속에 나오는 '인물들'은 '예수님과 식사하는 사람들'을 가리키고, '잃어버린 것을 찾은 상황'은 '식사자리'를 가리킵니다. 예를 들면 아버지의 비유에서 탕자는 세리와 죄인들이고, 첫째 아들은 바리새인들이며 아버지는 예수님입니다. 돌아온 아들을 맞은 상황은 식사자리입니다.

식사자리는 잔치를 열고 있는 상황입니다. 잔치에는 먹을 것과 마실 것이 있어야 합니다. 그리고 흥을 돋을 풍악도 있어야 합니다. 먹을 것이 준비되었고 풍악을 울려 흥을 돋웁니다. 예수님은 풍악에 맞추어 어깨를 들썩이며 흥에 취해 있습니다. 기다리고 기다리던 아들이 앞에 있고, 아들을 보는 눈의 즐거움이 입가에 자연스럽게 미소가 됩

왜람된 설교

니다.

그런데 전기가 나간 듯이 순간 풍악이 멈춥니다. 노래가 멈추고 먹는 것이 멈추었습니다. 많은 사람들의 축하를 받으며 흥에 겨워하시던 예수님의 축제가 멈추었습니다. 찬물을 끼얹듯이 순식간에 조용해졌습니다. 무슨 일이 있었을까요? 바리새인과 서기관들이 수군거린 것입니다.

"맏아들은 밭에 있다가 돌아와 집에 가까이 왔을 때에 풍악과 춤추는 소리를 듣고 한 종을 불러 이 무슨 일인가 물은대 대답하되 당신의 동생이 돌아왔으매 당신의 아버지가 건강한 그를 다시 맞아들이게 됨으로 인하여 살진 송아지를 잡았나이다 하니 그가 노하여 들어가고자 하지 아니하거늘 아버지가 나와서 권한대 아버지께 대답하여 이르되 내가 여러 해 아버지를 섬겨 명을 어김이 없거늘 내게는 염소 새끼라도 주어 나와 내 벗으로 즐기게 하신 일이 없더니 아버지의 살림을 창녀들과 함께 삼켜 버린 이 아들이 돌아오매 이를 위하여 살진 송아지를 잡으셨나이다" (눅 15:25~30)

바리새인들이 수군거린 이유는 예수님의 식사자리에 문제가 많았기 때문입니다. 잔치에 참여할 자격이 없는 사람

나와 함께 즐기자

들이 있었기 때문입니다. 첫째 아들은 동생이 아버지를 떠나 방탕한 삶을 살게 된 순간 동생과 아들의 자격을 모두 잃었다고 생각했습니다. 잔치에 참여할 수 있는 자격을 동생 스스로 버린 것입니다. 그러나 예수님의 인식은 달랐습니다.

> "이 네 동생은 죽었다가 살아났으며 내가 잃었다가 얻었기로"(눅 15:32)

아버지에게 아들은 언제나 아들이었습니다. 그것으로 자격은 충분한 것이었습니다. 아버지는 망설임 없이 아들을 잔치의 중심에 세웠습니다.

이제 공통으로 들어간 문장을 생각할 때입니다. 문장을 찾으셨나요?

> "나와 함께 즐기자 나의 잃은 양을 찾아내었노라"(눅 15:6)
>
> "나와 함께 즐기자 잃은 드라크마를 찾아내었노라"(눅 15:9)
>
> "살진 송아지를 끌어다가 잡으라 우리가 먹고 즐기자"(눅 15:23)

‘즐기자’가 답입니다. ‘잔치에 함께 참여하자’, ‘같은 마음으로 동생을 대해보자’입니다.

이 비유의 초점은 회개를 촉구하는 것이 아닙니다. 같이 먹고 즐기자는 것입니다. 바리새인들에게 세리와 죄인들을 이전과는 다르게 인식하고 잔치에 함께 참여하자는 것입니다. 세리와 죄인들을 정죄했던 근거를 버리고 예수님께서 그들을 친구로 받아들인 근거를, 아버지가 방탕한 아들을 받아준 근거를 받아달라는 의미입니다.

“아버지가 나와서 권한대” (눅 15:28)

우리의 영성은 예수님의 시선을 따라가는 것입니다. 예수님께서는 하나님의 시선을 우리에게 전하셨고 지금도 마찬가지입니다. 세리와 죄인들에 대한 예수님의 시선이 왜 달랐는지 알아야 하나님의 마음을 알 수 있습니다.

성도 여러분! 장남에게 동생을 받아들이기를 권하듯이 예수님께서는 우리에게 다른 이들을 받아들이기를 권하고 계십니다. 예수님의 권함에 이끌려 잔치를 즐기는 성도님들의 삶이 되시기를 소망합니다.

03

더하소서

누가복음 17:1~10

[1]예수께서 제자들에게 이르시되 실족하게 하는 것이 없을 수는 없으나 그렇게 하게 하는 자에게는 화로다 [2]그가 이 작은 자 중의 하나를 실족하게 할진대 차라리 연자맷돌이 그 목에 매여 바다에 던져지는 것이 나으리라 [3]너희는 스스로 조심하라 만일 네 형제가 죄를 범하거든 경고하고 회개하거든 용서하라 [4]만일 하루에 일곱 번이라도 네게 죄를 짓고 일곱 번 네게 돌아와 내가 회개하노라 하거든 너는 용서하라 하시더라 [5]사도들이 주께 여짜오되 우리에게 믿음을 더하소서 하니 [6]주께서 이르시되 너희에게 겨자씨 한 알만한 믿음이 있었더라면 이 뽕나무더러 뿌리가 뽑혀 바다에 심기어라 하였을 것이요 그것이 너희에게 순종하였으리라 [7]너희 중 누구에게 밭을 갈거나 양을 치거나 하는 종이 있어 밭에서 돌아오면 그더러 곧 와 앉아서 먹으라 말할 자가 있느냐 [8]도리어 그더러 내 먹을 것을 준비하고 띠를 띠고

내가 먹고 마시는 동안에 수종들고 너는 그 후에 먹고 마시라 하지 않겠느냐 ⁹명한 대로 하였다고 종에게 감사하겠느냐 ¹⁰이와 같이 너희도 명령 받은 것을 다 행한 후에 이르기를 우리는 무익한 종이라 우리가 하여야 할 일을 한 것뿐이라 할지니라 (눅 17:1~10)

예수님께서 말씀을 마치시자 제자들이 예수님께 요청합니다.

"우리에게 믿음을 더하소서" (눅 17:5)

우리가 물건을 살 때 더 필요하면 '더 주세요.' 합니다. 여기에서 '더'라는 의미는 '이미 있지만 부족합니다.'라는 뜻입니다. 제자들에게 믿음이 있었다는 것과 믿음이 부족했다는 두 가지의 뜻이 있습니다.

제자들이 왜 더 달라고 했을까요? 누가복음 17장 4절에 예수님의 말씀을 듣고 큰 부담을 안은 것입니다.

"하루에 일곱 번이라도 네게 죄를 짓고 일곱 번 네게 돌아와 내가 회개하노라 하거든 너는 용서하라" (눅 17:4)

얼마나 무겁게 다가오는 말씀입니까? 인간은 하루에도 많은 잘못을 할 수 있고, 얼마든지 변할 수 있고, 같은 잘못을 반복할 수 있는 존재이기에 무겁게 들립니다.

이것을 어떻게 알 수 있나요? 역사 경험입니다. 인간은 하나님의 보호 속에서도 손바닥 뒤집듯이 하나님을 수없이 배반했습니다. 한 번 용서를 빌기도 염치없는데 일곱 번씩이나 용서를 빌러 올 수 있는 것이 인간의 모습, 곧 우리의 모습입니다.

제자들은 예수님의 말씀을 듣고 위기를 느낍니다. 자기 안에 용서할 수 있는 마음이 있는지를 생각해 봅니다. 그 결과 제자들은 부족함을 느꼈습니다.

'더'가 가지는 의미 중에 '부족하다'는 것을 먼저 생각해 봤습니다. 이제는 '믿음이 있다'는 것을 생각해 보겠습니다. 제자들은 왜 자기들에게 믿음이 있다고 생각했을까요?

누가복음 17장 7~10절까지의 비유를 살펴보면 알 수 있습니다. 가장 주목해야 할 구절은 "이와 같이 너희도 명령 받은 것을 다 행한 후에" (눅 17:10)입니다. 비유에서의 종은 제자들을 가리킵니다. 여기에서 중요한 점은 일을 끝냈다는 것입니다. 제자들은 예수님의 명령을 받은 후 충실하게 끝냈습니다. 그래서 스스로 믿음이 있다고 생각한 것입니다.

제자들이 믿음이 있다고 생각한 이유는 자신들의 행동에 집중하였기 때문입니다. 믿음이 있었기에 자신들이 해냈다고 생각하게 되었습니다. 이런 마음으로 '더 주세요.'라고 요청했던 것입니다.

이런 마음을 읽은 예수님의 말씀을 들어보세요.

작은 믿음만 있어도 엄청난 일을 경험할 수 있다는 말입니다. 겨자씨는 세상에서 가장 작은 씨에 속합니다. '있었더라면'이라는 말은 '없다'는 말씀입니다. 겨자씨만큼도 없다고 말씀하신 것입니다. 결국 '아예 없다'라는 말씀인 것입니다.

예수님과 제자들의 대화를 간단하게 바꾸어 보겠습니다. '제게 조금이지만 믿음이 있습니다. 그러나 부족합니다. 더 주십시오.' 제자들의 요구입니다. '아니다, 너희 안에 믿음이 아예 없구나!' 예수님의 대답입니다.

왜 이렇게 차갑게 말씀하실까요? 행동의 결과에 대한 보상을 받으려고 했기 때문입니다. 제자들은 누가 더 크냐고 싸웠습니다. 싸움을 하게 된 근거는 자신들의 행동과 충성이었습니다.

제자들이 믿음이 부족하다고 생각한 것만으로도 대견합니다. 그러나 예수님께서 믿음이 전혀 없다고 말씀하시는 것은 제자들이 더 앞으로 나아가기를 원하시기 때문입니다. 하나님의 본체에까지 이르기를 원하시기 때문입니다. 그곳에 머물지 말고 예수님에게까지 자라기를 소망하시기 때문입니다.

우리의 영성은 자신의 행동이나 충성으로 채워지지 않습니다. 오히려 그것을 비울 때 영성은 충만해집니다. 영성은 '대가를 바라지 않으면서도 없어지지 않는 열정'입니다.

성도 여러분! 우리 자신을 바로 아는 것과 그것을 인정하는 능력이 우리에게 필요합니다. 성령님을 통해서 자신을 바로 알고 그것을 인정하는 능력을 공급받는 시간이 되시기를 소망합니다.

04

부림절

에스더 6:1~2

[1]그 날 밤에 왕이 잠이 오지 아니하므로 명령하여 역대 일기를 가져다가 자기 앞에서 읽히더니 [2]그 속에 기록하기를 문을 지키던 왕의 두 내시 빅다나와 데레스가 아하수에로 왕을 암살하려는 음모를 모르드개가 고발하였다 하였는지라 (에 6:1~2)

부림절은 히브리어의 '프르[pur]'(제비뽑기)에서 유래된 말이라고 추측하고 있습니다.

에스더 3장에서 하만이 바사 왕국의 총리가 되고 그가 드나들 때마다 왕의 모든 신하들이 꿇어 절합니다. 그런데 에스더의 오빠였던 모르드개가 유대인이라는 이유로 절을 하지 않자 하만은 모르드개를 죽이고자 합니다.

나아가 모르드개를 죽이는 데 만족하지 않고 유대인 전체를 죽이기로 계획하고, 계획을 실행할 달과 날을 제비 뽑아 정합니다. 그 결과 유대인의 아달월(현재 2~3월) 13~14일로 결정되어 하만은 착실하게 준비하였습니다.

이것을 안 모르드개는 자신의 사촌 동생인 바사국 왕비 에스더에게 이러한 사실을 알립니다. 그리고 바사 왕에게 이스라엘 민족을 구해줄 것을 부탁하라고 강하게 요청합니다.

그러나 에스더는 왕의 부름이 없인 왕 앞에 나갈 수 없는 바사 왕국의 법으로 인해 왕에게 나아가기를 망설입니다. 왕비인 에스더도 왕을 보지 못한지가 30일이 넘었기 때문에 왕의 부름이 없는 상황에서 왕께 나아가야 하는 위험을 각오해야 합니다.

그때 모르드개는 에스더에게 답신합니다.

"모르드개가 그를 시켜 에스더에게 회답하되 너는 왕궁에 있으니 모든 유다인 중에 홀로 목숨을 건지리라 생각하지 말라 이 때에 네가 만일 잠잠하여 말이 없으면 유다인은 다른 데로 말미암아 놓임과 구원을 얻으려니와 너와 네 아버지 집은 멸망하리라 네가 왕후의 자리를

왜람된 설교

얻은 것이 이 때를 위함이 아닌지 누가 알겠느냐 하니"
(에 4:13~14)

이 말을 들은 에스더는 규례를 어기고 왕에게 나아가 죽
으면 죽겠다고 결심합니다. 그 후 왕 앞에 나아갔을 때 왕
이 에스더를 사랑스럽게 여겨 위기를 넘겼습니다. 그리고
에스더는 다음 날 왕과 하만을 잔치에 초대합니다. 그 사
이 하만도 모르드개를 죽여 매달기 위한 높은 나무를 준비
하였습니다.

"그의 아내 세레스와 모든 친구들이 이르되 높이가 오
십 규빗 되는 나무를 세우고 내일 왕에게 모르드개를
그 나무에 매달기를 구하고 왕과 함께 즐거이 잔치에
가소서 하니 하만이 그 말을 좋게 여기고 명령하여 나
무를 세우니라" (에 5:14)

여기에서 주목되는 단어가 나옵니다. '내일'입니다. 공교
롭게도 에스더와 하만이 왕에게 말하려는 날이 내일입니
다. 누가 먼저 왕에게 나아가 고하게 될까요? 그것이 유대
인 전체의 생사를 결정할 것 같습니다. 성서는 우리의 관
심을 온통 그곳에 두게 합니다.

부림절

긴장감이 넘치는 상황에서 성서는 지금까지의 전개와는 관계없는 것 같은 장면을 보여줍니다. 바로 에스더 6장입니다.

그날 밤 왕은 잠이 오지 않아서 자신의 통치를 기록한 역대일기를 가져다가 읽게 합니다. 그때 왕의 두 내시가 왕을 암살하려는 음모를 모르드개가 고발했다는 사실을 알게 됩니다. 왕은 모르드개에게 포상을 했는지 물었고, 아무것도 포상하지 않았다는 말을 듣습니다. 그렇게 밤이 지나고 아침이 되었습니다. 드디어 두 사람이 고대하던 '내일'이 왔습니다.

하만이 왕에게 먼저 왔습니다. 이렇게 하만의 승리로 끝나는 것일까요?

그런데 하만이 왕에게 말을 하기 전에 왕이 먼저 하만에게 질문을 던집니다. '내가 존귀하게 하려는 사람이 있는데 어떻게 하면 좋을까?' 하고 묻습니다.

물론 왕은 모르드개를 존귀하게 하려는 의도였지만, 하

만은 자기를 높이는 줄로 착각하고 기분이 좋았는지 자신
이 하려고 했던 말을 하지 않고 왕의 질문에 답합니다.

> "왕께서 입으시는 왕복과 왕께서 타시는 말과 머리에
> 쓰시는 왕관을 가져다가 그 왕복과 말을 왕의 신하 중
> 가장 존귀한 자의 손에 맡겨서 왕이 존귀하게 하시기를
> 원하시는 사람에게 옷을 입히고 말을 태워서 성 중 거
> 리로 다니며 그 앞에서 반포하여 이르기를 왕이 존귀하
> 게 하기를 원하시는 사람에게는 이같이 할 것이라 하게
> 하소서 하니라" (에 6:8~9)

이것은 '왕 같이' 대우하라는 의미로 아주 파격적인 제안
이었지만, 왕은 이전에 모르드개에게 아무것도 못 해준 것
이 미안했는지 허락합니다. 그리고 하만의 말대로 모르드
개에게 모든 것이 행해집니다. 하만은 화가 나서 번뇌하며
자기가 한 일을 아내와 친구에게 말합니다.

> "자기가 당한 모든 일을 그의 아내 세레스와 모든 친구
> 에게 말하매 그 중 지혜로운 자와 그의 아내 세레스가
> 이르되 모르드개가 과연 유다 사람의 후손이면 당신이
> 그 앞에서 굴욕을 당하기 시작하였으니 능히 그를 이기
> 지 못하고 분명히 그 앞에 엎드러지리이다" (에 6:13)

이 말이 그치지 않을 그때 에스더, 곧 왕비의 잔치에 나아가게 됩니다. '이 말이 그치지 않을 그때'라는 말은 다음 내용을 예측하게 합니다.

> "왕후 에스더가 대답하여 이르되 왕이여 내가 만일 왕의 목전에서 은혜를 입었으며 왕이 좋게 여기시면 내 소청대로 내 생명을 내게 주시고 내 요구대로 내 민족을 내게 주소서 나와 내 민족이 팔려서 죽임과 도륙함과 진멸함을 당하게 되었나이다 만일 우리가 노비로 팔렸더라면 내가 잠잠하였으리이다 그래도 대적이 왕의 손해를 보충하지 못하였으리이다 하니" (에 7:3~4)

화가 난 왕은 '왕비의 민족을 죽이려는 자가 누구인가?' 물었고 에스더는 '하만'이라고 대답합니다. 결국, 왕은 하만이 모르드개를 죽이려고 세운 나무에 하만을 달아 죽게 합니다. 그래서 유대인은 죽음에서 벗어나게 됩니다. 여기까지가 성서의 내용입니다.

에스더의 주제가 무엇이라고 생각하십니까? 모르드개의 신앙과 에스더의 일사각오는 우리에게 강한 자극을 줍니다. 그러나 그것이 에스더의 주제는 아닙니다.

에스더에서 가장 중요한 장은 '6장'입니다. 왜 중요한 장일까요? 에스더의 등장인물 모두가 '내일'을 주목하고 있을 때에 역사는 누구도 예측하지 못하는 사건에 눈을 돌리게 합니다. 그리고 역사의 주인공이 하나님이라는 사실을 우리에게 전합니다.

유대인을 절체절명의 위기에서 벗어나게 한 결정적인 것은 왕이 잠이 오지 않았던 것과 역대일기의 내용이었습니다. 이것이 없었다면 하만이 먼저 왕에게 말했을 것이고, 역사는 어떻게 진행되었을지 모를 일입니다.

성서 기자는 모르드개의 입을 통해서 결정적인 메시지를 끼워 넣습니다.

"모르드개가 그를 시켜 에스더에게 회답하되 너는 왕궁에 있으니 모든 유다인 중에 홀로 목숨을 건지리라 생각하지 말라 이 때에 네가 만일 잠잠하여 말이 없으면 유다인은 다른 데로 말미암아 놓임과 구원을 얻으려니와 너와 네 아버지 집은 멸망하리라 네가 왕후의 자리를 얻은 것이 이 때를 위함이 아닌지 누가 알겠느냐 하니" (에 4:13~14)

"유다인은 다른 데로 말미암아 놓임과 구원을 얻으려니

와” 모르드개는 에스더의 결심을 촉구하려고 이 말을 했지만, 자신조차도 이 말의 의미를 몰랐을 것입니다. 일이 끝나고 나니 소름 끼치도록 정확히 들어맞는 말이었습니다.

'내일'은 모르드개와 에스더의 것도, 하만의 것도 아니며 오직 하나님의 것입니다. 그것을 에스더 6장은 천명합니다. 내일과 우연은 인간의 영역이 아닙니다. 신비로 감추었다가 어느 순간 드러나는 것을 인간은 놀라며 확인할 뿐입니다. 아무도 주목하지 않은 그곳에서 하나님의 구원 사건이 일어난다는 성서의 외침입니다. 겨자씨의 비유에서, 버려진 돌이 머릿돌이 되는 비유에서 버려진 자들이 하나님 나라의 백성이 되는 것처럼 이해할 수 없는 일이 신비 속에 있다는 말입니다.

> “예수께서 이르시되 너희가 성경에 건축자들이 버린 돌이 모퉁이의 머릿돌이 되었나니 이것은 주로 말미암아 된 것이요 우리 눈에 기이하도다 함을 읽어 본 일이 없느냐 그러므로 내가 너희에게 이르노니 하나님의 나라를 너희는 빼앗기고 그 나라의 열매 맺는 백성이 받으리라” (마 21:42~43)

그런데 우리는 왜 에스더의 '죽으면 죽으리라'라는 말에 더 집중하게 되었을까요? 우리 인간의 헌신과 신앙이 왜 주목받도록 말해왔을까요? 그것은 인간이 하나님의 주도권을 공유하여 인간의 생명력을 드러내기 위함입니다. 십자가의 부활 생명을 의지하지 않고 스스로 구원을 이루겠다는 불신이며 불신앙입니다.

사도 바울의 언어들은 날이 선 칼날같이 인간의 의도를 간파하고 있습니다.

> "우리가 육신으로 행하나 육신에 따라 싸우지 아니하노니 우리의 싸우는 무기는 육신에 속한 것이 아니요 오직 어떤 견고한 진도 무너뜨리는 하나님의 능력이라 모든 이론을 무너뜨리며 하나님 아는 것을 대적하여 높아진 것을 다 무너뜨리고 모든 생각을 사로잡아 그리스도에게 복종하게 하니 너희의 복종이 온전하게 될 때에 모든 복종하지 않는 것을 벌하려고 준비하는 중에 있노라 너희는 외모만 보는도다 만일 사람이 자기가 그리스도에게 속한 줄을 믿을진대 자기가 그리스도에게 속한 것 같이 우리도 그러한 줄을 자기 속으로 다시 생각할 것이라" (고후 10:3~7)

인간은 하나님의 역사에 숟가락을 얹으려고 합니다. 하

나님께서 하신 것이지만 신실한 사람이 필요하다는 말로 교묘하게 빈틈을 노립니다. 내일은 인간에게 신비이며 영원한 미궁입니다. '하나님의 시간'입니다.

그렇다면 인간은 무엇을 해야 할까요? 여기 에스더 4장 14절의 단호하고 준엄한 말씀이 있습니다. "네가 왕후의 자리를 얻은 것이 이 때를 위함이 아닌지 누가 알겠느냐"

하나님의 뜻을 분명히 알 수는 없지만 주어진 것을 하는 것이 우리가 할 일입니다. 역사를 주도하시는 분은 하나님이시고 인간에게 허락된 것은 바로 사명입니다.

성도 여러분! 인간의 욕망이 가지고 있는 힘을 무시해서는 안 됩니다. 인간의 욕망이 가지는 힘의 정체를 깊이 묵상하여 역사를 주도하시는 하나님께 도우심을 구하시는 성도님들 되시기를 소망합니다.

왜람된 설교

05

변화와 분별

로마서 12:1~5

¹그러므로 형제들아 내가 하나님의 모든 자비하심으로 너희를 권하노니 너희 몸을 하나님이 기뻐하시는 거룩한 산 제물로 드리라 이는 너희가 드릴 영적 예배니라 ²너희는 이 세대를 본받지 말고 오직 마음을 새롭게 함으로 변화를 받아 하나님의 선하시고 기뻐하시고 온전하신 뜻이 무엇인지 분별하도록 하라 ³내게 주신 은혜로 말미암아 너희 각 사람에게 말하노니 마땅히 생각할 그 이상의 생각을 품지 말고 오직 하나님께서 각 사람에게 나누어 주신 믿음의 분량대로 지혜롭게 생각하라 ⁴우리가 한 몸에 많은 지체를 가졌으나 모든 지체가 같은 기능을 가진 것이 아니니 ⁵이와 같이 우리 많은 사람이 그리스도 안에서 한 몸이 되어 서로 지체가 되었느니라 (롬 12:1~5)

본문을 해석하기 전에 두 가지를 먼저 말씀드립니다. 첫째는 바울이 전달하고 싶은 내용이 로마서 12장에 있으므로 로마서 전체에서 가장 중요한 장이라는 것입니다. 둘째는 로마서 12장이 다른 장과 분리되어 해석되어는 안 된다는 것입니다. 그래서 먼저 이전 장들의 내용을 살펴보겠습니다.

"유대인이나 헬라인이나 차별이 없음이라 한 분이신 주께서 모든 사람의 주가 되사 그를 부르는 모든 사람에게 부요하시도다 누구든지 주의 이름을 부르는 자는 구원을 받으리라" (롬 10:12~13)

사도 바울은 유대인이나 헬라인 모두에게 구원의 길이 열려있다고 말합니다. 그러나 일부 이방 기독교인들은 하나님께서 유대인을 버리셨다고 생각했습니다.

"그러므로 내가 말하노니 하나님이 자기 백성을 버리셨느냐 그럴 수 없느니라" (롬 11:1)

또 믿음으로 구원 얻는 것을 자랑하며 유대인들을 무시했습니다.

"그 가지들을 향하여 자랑하지 말라 자랑할지라도 네가 뿌리를 보전하는 것이 아니요 뿌리가 너를 보전하는 것이니라" (롬 11:18)

바울은 유대인들을 향하여 우월의식을 가지고 있던 이방 기독교인들에게 경고합니다.

"하나님이 원 가지들도 아끼지 아니하셨은즉 너도 아끼지 아니하시리라" (롬 11:21)

초대교회의 유대 기독교인과 이방 기독교인들의 싸움입니다. 바울은 다음과 같은 말로 유대인과 이방인의 싸움을 중재합니다.

"깊도다 하나님의 지혜와 지식의 풍성함이여, 그의 판단은 헤아리지 못할 것이며 그의 길은 찾지 못할 것이로다" (롬 11:33)

바울은 우리가 하나님의 뜻을 정확하게 알지 못하니 섣부른 판단을 내려서는 안 된다고 합니다. 여기까지가 12장 이전의 내용입니다. 중재자로서의 바울을 생각하시면서 12장을 읽으시면 좋겠습니다. 이런 모습이 12장에 와서 더

욱 분명해집니다.

"그러므로"(롬 12:1) 11장에 이어서 말하는 것입니다. "하나님의 모든 자비하심"(롬 12:1) 자비하심이 강조되는 것은 강하게 권한다는 말이 됩니다.

우리가 설교 시간에 자주 듣는 1절의 '거룩한 산 제물', '영적 예배'와 2절의 '하나님의 선하시고 기뻐하시고 온전하신 뜻'은 11장의 내용과 연결되어 있습니다. 계속해서 중재자로서의 바울을 생각하셔야 한다는 의미입니다.

바울은 2절에서 "이 세대를 본받지 말라"고 합니다. 이 세대가 어떻기에 본받지 말라는 것일까요? 11장의 내용을 기억하시면 알 수 있습니다. 유대인들과 이방 기독교인들이 하나님의 뜻을 제대로 알지도 못하면서 싸우는 것이 꼭 세상과 같다는 뜻입니다. '너희들이 하나님의 뜻을 알지도 못하면서 서로 비방하는 것을 보니 세상과 다르지 않다' 그런 뜻입니다.

싸움과 무시는 자기의 생각이 확실할 때 할 수 있습니다. 바울의 중재 도구는 '하나님의 깊은 뜻을 인간은 모두 알 수 없다.'입니다. 기억을 살리기 위해 다시 한번 읽겠습니다.

"깊도다 하나님의 지혜와 지식의 풍성함이여, 그의 판
단은 헤아리지 못할 것이며 그의 길은 찾지 못할 것이
로다" (롬 11:33)

로마서 11장 33절과 같은 의미가 있는 말씀이 12장에도
있습니다.

"내게 주신 은혜로 말미암아 너희 각 사람에게 말하노
니 마땅히 생각할 그 이상의 생각을 품지 말고" (롬 12:3)

마땅히 생각할 그 이상의 생각이 무엇일까요? 하나님의
뜻을 아는 것처럼 행동하는 것입니다. 서로 구원이 있느니
없느니 싸우는 것입니다. 자기 것이 하나님의 뜻이라고 싸
우는 것입니다. 로마서 11장 33절의 해석처럼 '하나님의
깊은 뜻을 인간은 알 수 없다'는 것을 다시 확인시켜주는
말입니다. 바울의 해결책은 로마서 12장 4절입니다.

"우리가 한 몸에 많은 지체를 가졌으나 모든 지체가 같
은 기능을 가진 것이 아니니" (롬 12:4)

하나님은 일부분만을 주시고 살아가게 하십니다. 이 말
씀은 2절과 연결됩니다.

'선하시고 기뻐하시고 온전하신 뜻'은 인간으로 하여금 일부분만을 가지고 살도록 하게 하신 것입니다. 그것을 분별하라는 말씀입니다.

이제 1절의 '하나님이 기뻐하시는 거룩한 산 제물'과 '영적 예배'의 의미를 알 수 있습니다. 자신에게 주어진 일을 하는 것, 그리고 사명을 다한 뒤 불만 없이 사라지는 것, 그것이 우리가 드릴 예배라는 말입니다. 우리에게 주어진 것은 이것뿐입니다. 하나님의 신비에 마음을 빼앗기지 말고, 하나님의 특별한 사랑을 받은 것처럼 우쭐대지도 말고, 하나님의 신비를 다 안 것처럼 자랑하지도 말고, 그저 주어진 일, 곧 몸의 일부로 충성을 다하는 일, 그것만이 우리에게 맡겨진 것이라고 사도 바울은 말합니다.

하나님의 깊은 뜻은 알 수 없으나 하나님께서 인간에게 허락한 한계를 믿음으로 받아들이고 몸의 일부분으로서 자신에게 주어진 기능을 감당하는 것, 그것이 바로 우리 자신을 하나님이 기뻐하시는 거룩한 산 제사로 드리는 것

왜람된 설교

이고, 그것이 영적인 예배이며 합당한 것입니다.

바울은 단순히 싸우지 말라는 것이 아닙니다. 서로 자기가 높다고 자랑하던 예수님의 제자들의 욕망이 로마 교회 교인들에게도 있다고 말하는 중입니다. 그래서 이 세대를 본받지 말고 오직 마음을 새롭게 함으로 변화를 받으라고 말하는 것입니다. 욕망에서 벗어날 때 하나님의 뜻을 분별할 수 있고 거룩한 제물이 될 수 있습니다.

성도 여러분! 우리에게 로마나 바리새인과 같은 힘이 주어진다면 우리는 그 힘을 제대로 사용할 수 있을까요? 오늘 말씀을 기억하시고 우리에게 주어진 작은 힘들이 어떻게 사용되고 있는지 살피시는 한 주가 되시기를 소망합니다.

06

벧세메스로 가는 수레의 의미

사무엘상 6:1~16

¹여호와의 궤가 블레셋 사람들의 지방에 있은 지 일곱 달이라 ²블레셋 사람들이 제사장들과 복술자들을 불러서 이르되 우리가 여호와의 궤를 어떻게 할까 그것을 어떻게 그 있던 곳으로 보낼 것인지 우리에게 가르치라 ³그들이 이르되 이스라엘 신의 궤를 보내려거든 거저 보내지 말고 그에게 속건제를 드려야 할지니라 그리하면 병도 낫고 그의 손을 너희에게서 옮기지 아니하는 이유도 알리라 하니 ⁴그들이 이르되 무엇으로 그에게 드릴 속건제를 삼을까 하니 이르되 블레셋 사람의 방백의 수효대로 금 독종 다섯과 금 쥐 다섯 마리라야 하리니 너희와 너희 통치자에게 내린 재앙이 같음이니라 ⁵그러므로 너희는 너희의 독한 종기의 형상과 땅을 해롭게 하는 쥐의 형상을 만들어 이스라엘 신께 영광을 돌리라 그가 혹 그의 손을 너희와 너희의 신들과 너희 땅에서 가볍게 하실까 하노라 ⁶애굽인과 바로가 그들의 마음을

완악하게 한 것 같이 어찌하여 너희가 너희의 마음을 완악하게 하겠느냐 그가 그들 중에서 재앙을 내린 후에 그들이 백성을 가게 하므로 백성이 떠나지 아니하였느냐 [7]그러므로 새 수레를 하나 만들고 멍에를 메어 보지 아니한 젖 나는 소 두 마리를 끌어다가 소에 수레를 메우고 그 송아지들은 떼어 집으로 돌려보내고 [8]여호와의 궤를 가져다가 수레에 싣고 속건제로 드릴 금으로 만든 물건들은 상자에 담아 궤 곁에 두고 그것을 보내어 가게 하고 [9]보고 있다가 만일 궤가 그 본 지역 길로 올라가서 벧세메스로 가면 이 큰 재앙은 그가 우리에게 내린 것이요 그렇지 아니하면 우리를 친 것이 그의 손이 아니요 우연히 당한 것인 줄 알리라 하니라 [10]그 사람들이 그같이 하여 젖 나는 소 둘을 끌어다가 수레를 메우고 송아지들은 집에 가두고 [11]여호와의 궤와 및 금 쥐와 그들의 독종의 형상을 담은 상자를 수레 위에 실으니 [12]암소가 벧세메스 길로 바로 행하여 대로로 가며 갈 때에 울고 좌우로 치우치지 아니하였고 블레셋 방백들은 벧세메스 경계선까지 따라 가니라 [13]벧세메스 사람들이 골짜기에서 밀을 베다가 눈을 들어 궤를 보고 그 본 것을 기뻐하더니 [14]수레가 벧세메스 사람 여호수아의 밭 큰 돌 있는 곳에 이르러 선지라 무리가 수레의 나무를 패고 그 암소들을 번제물로 여호와께 드리고 [15]레위인은 여호와의 궤와 그 궤와 함께 있는 금 보물 담긴 상자를 내려다가 큰 돌 위에 두매 그 날에 벧세메스 사람들이 여호와께 번제와 다른

벧세메스로 가는 수레의 의미

제사를 드리니라 ¹⁶블레셋 다섯 방백이 이것을 보고 그 날에 에
그론으로 돌아갔더라 (삼상 6:1~16)

사무엘이 어렸을 때의 사사는 엘리 제사장이었습니다. 엘리에게는 홉니와 비느하스라는 두 아들이 있었는데, 그들은 악행을 일삼았습니다.

이때 블레셋과 이스라엘 간의 전쟁이 일어납니다. 블레셋은 아벡에 진을 치고, 이스라엘은 에벤에셀에 진을 치고 싸웠습니다. 이스라엘은 전쟁에서 패하고 맙니다.

> "백성이 진영으로 돌아오매 이스라엘 장로들이 이르되 여호와께서 어찌하여 우리에게 오늘 블레셋 사람들 앞에 패하게 하셨는고 여호와의 언약궤를 실로에서 우리에게로 가져다가 우리 중에 있게 하여 그것으로 우리를 우리 원수들의 손에서 구원하게 하자 하니" (삼상 4:3)

이스라엘은 전쟁에서 진 이유도 모른 채 하나님의 임재를 상징하는 법궤를 가지고 전장에 나가기로 결정합니다. 일단 성공입니다. 하나님의 궤가 전장에 오자 사기가 엄청

왜곡된 설교

나게 오릅니다. 법궤 이야기를 들은 블레셋 사람들은 이스라엘 신은 능력이 많은 신이라고 두려워하며 자신들에게 화라고 말합니다. 그러나 블레셋도 사기가 떨어지지 않도록 애씁니다.

> "너희 블레셋 사람들아 강하게 되며 대장부가 되라 너희가 히브리 사람의 종이 되기를 그들이 너희의 종이 되었던 것 같이 되지 말고 대장부 같이 되어 싸우라 하고" (삼상 4:9)

이스라엘 사람들의 사기가 오른 것은 하나님의 궤가 있으면 승리할 수 있다고 믿었기 때문입니다. 법궤는 하나님의 현존이고, 하나님의 현존은 곧 승리이기 때문입니다.

그러나 믿음은 산산조각이 납니다. 다시 전쟁에서 지고만 것입니다. 생각할 수 없는 결과가 일어나고 만 것입니다. 왜 이러한 일이 일어났을까요? 성서 기자는 이 질문의 답을 오늘 본문에 적었습니다.

오늘 본문을 보겠습니다. 전쟁에서 이긴 블레셋은 이스라엘의 지도자 엘리의 아들 홉니와 비느하스를 죽이고 법궤를 빼앗아 왔습니다. 그리고 자신의 신인 다곤의 신전에 법궤를 가져다 놓았는데 다음날 보니 다곤의 신상이 쓰러

벧세메스로 가는 수레의 의미

져 있었습니다. 그 다음날은 머리와 손목이 부러져 있었습니다. 설상가상으로 그 지역에 종기가 내려 많은 사람들이 죽게 되었습니다. 블레셋 사람들은 원인이 무엇인지 찾게 됩니다. 블레셋 사람들의 결론은 이스라엘에서 빼앗아온 법궤였습니다.

그래서 블레셋 지도자들은 법궤를 이스라엘 벧세메스로 돌려보내기로 결정을 내립니다. 블레셋 사람들은 우선 여호와께 제사를 드리기로 하고 금쥐와 독종 모양의 형상을 만들었습니다. 또 새 수레를 만들고 멍에를 메어 본 적 없는 젖 나는 소 두 마리를 끌어오고 송아지들은 돌려보냅니다.

궤를 돌려보내며 이들이 주목한 것이 있습니다. '우리에게 닥친 불행이 우연인가? 아니면 신의 뜻인가?' 입니다.

"보고 있다가 만일 궤가 그 본 지역 길로 올라가서 벧세메스로 가면 이 큰 재앙은 그가 우리에게 내린 것이요 그렇지 아니하면 우리를 친 것이 그의 손이 아니요 우연히 당한 것인 줄 알리라 하니라" (삼상 6:9)

우리는 여기에서 아주 중요한 질문을 해야 합니다. 블레셋 사람들이 수레를 만들고 소를 가져올 때 수레가 쉽게

왜곡된 설교

갈 수 있는 조건을 생각했을까요? 아니면 어렵게 갈 것 같은 조건을 생각했을까요?

당연히 어렵게 갈 것 같은 조건을 택했을 것입니다. 왜 그럴까요? 쉽게 갈 수 있는 조건으로는 신의 뜻이 분명히 드러나지 않기 때문입니다. 길들지 않은 새 수레와 멍에를 메어보지 못한 소의 의미는 법궤를 나르기가 어렵다는 뜻입니다. 성서의 언어들을 보면 얼마나 주도면밀한지 알 수 있습니다.

“암소가 벧세메스 길로 바로 행하여 대로로 가며 갈 때에 울고 좌우로 치우치지 아니하였고 블레셋 방백들은 벧세메스 경계선까지 따라 가니라” (삼상 6:12)

성서는 그 뜻을 명확하기 위해 “암소가 벧세메스 길로 바로 행하여 좌우로 치우치지 아니하였고” (삼상 6:12) 라고 기록합니다. 블레셋 사람들의 생각 이상으로 벧세메스에 잘 도착한 것입니다. 블레셋에 내린 재앙은 우연이 아닌 신의 뜻이라는 결론이 났고 그들은 인정할 수밖에 없었습니다. 블레셋에 내린 재앙이 하나님의 뜻이라면 야훼 하나님은 참 신이 되는 것이고, 법궤를 가져온 것은 잘못이라는 결론이 됩니다.

벧세메스로 가는 수레의 의미

여기에 우리가 주목할 것이 있습니다. 자신의 행동이 잘못되었다고 생각하면 거기에는 반성이 있습니다.

"애굽인과 바로가 그들의 마음을 완악하게 한 것 같이 어찌하여 너희가 너희의 마음을 완악하게 하겠느냐 그가 그들 중에서 재앙을 내린 후에 그들이 백성을 가게 하므로 백성이 떠나지 아니하였느냐" (삼상 6:6)

출애굽 때 바로와 애굽 사람들이 하나님의 하신 일을 알아보지 못하고 하나님의 진노를 열 번씩이나 받았던 잘못을 반복하지 말고 궤를 돌려보내자고 하는 것입니다. 지체되면 될수록 하나님의 진노가 더욱 강하고 크게 내릴 뿐이니 더 이상 지체해서는 안 되는 일이 되었습니다. 성서의 저자는 블레셋 사람들의 입을 빌려 이스라엘 사람들에게 전쟁에 진 이유를 분명히 알리고 잘못을 더 이상 반복하지 말라고 가르치고 있는 것입니다. 하나님을 모르는 블레셋 사람들도 이렇게 자신의 잘못을 알고 돌이키는데 '이스라엘 백성들아 너희의 죄악에 눈을 떠라! 그리고 돌아서라.'라고 말하는 것입니다. 블레셋 사람들도 이러한 재앙이 어디서 왔는지 아는데 이스라엘 백성이 전쟁에서 진 이유를 모른다는 것은 말도 안 된다는 것입니다.

벤세메스로 가는 소의 의미는 재앙이 하나님으로부터 왔다는 뜻에 불과합니다. 그런데 왜 우리는 좌로나 우로나 치우치지 않은 소를 칭찬하기 바쁠까요? 길들지 않은 수레를 끌고 좌우로 치우치지 않는 소를 칭찬하는 것은 성서의 메시지를 왜곡하는 것입니다. 소는 하나님의 뜻을 보여주고 번제물로 사라질 뿐입니다. 우리도 우리의 일을 마친 후에 무익한 종이라 고백할 뿐입니다.

성도 여러분! 성서가 우리에게 가리키는 방향을 벤세메스로 가는 소가 분명히 보여주고 있습니다. 그동안 우리는 왜 벤세메스로 가는 소의 의미를 왜곡해왔는지 묵상하시고 성서의 방향을 따라가시기를 바랍니다.

벤세메스로 가는 수레의 의미

07

삯과 은혜

마태복음 19:13~20:16

[13]그 때에 사람들이 예수께서 안수하고 기도해 주심을 바라고 어린 아이들을 데리고 오매 제자들이 꾸짖거늘 [14]예수께서 이르시되 어린 아이들을 용납하고 내게 오는 것을 금하지 말라 천국이 이런 사람의 것이니라 하시고 [15]그들에게 안수하시고 거기를 떠나시니라 [16]어떤 사람이 주께 와서 이르되 선생님이여 내가 무슨 선한 일을 하여야 영생을 얻으리이까 [17]예수께서 이르시되 어찌하여 선한 일을 내게 묻느냐 선한 이는 오직 한 분이시니라 네가 생명에 들어 가려면 계명들을 지키라 [18]이르되 어느 계명이오니이까 예수께서 이르시되 살인하지 말라, 간음하지 말라, 도둑질하지 말라, 거짓 증언 하지 말라, [19]네 부모를 공경하라, 네 이웃을 네 자신과 같이 사랑하라 하신 것이니라 [20]그 청년이 이르되 이 모든 것을 내가 지키었사온대 아직도 무엇이 부족하니이까 [21]예수께서 이르시되 네가 온전하고자 할진대 가서 네 소유를

팔아 가난한 자들에게 주라 그리하면 하늘에서 보화가 네게 있으리라 그리고 와서 나를 따르라 하시니 ²²그 청년이 재물이 많으므로 이 말씀을 듣고 근심하며 가니라 ²³예수께서 제자들에게 이르시되 내가 진실로 너희에게 이르노니 부자는 천국에 들어가기가 어려우니라 ²⁴다시 너희에게 말하노니 낙타가 바늘귀로 들어가는 것이 부자가 하나님의 나라에 들어가는 것보다 쉬우니라 하시니 ²⁵제자들이 듣고 몹시 놀라 이르되 그렇다면 누가 구원을 얻을 수 있으리이까 ²⁶예수께서 그들을 보시며 이르시되 사람으로는 할 수 없으나 하나님으로서는 다 하실 수 있느니라 ²⁷이에 베드로가 대답하여 이르되 보소서 우리가 모든 것을 버리고 주를 따랐사온대 그런즉 우리가 무엇을 얻으리이까 ²⁸예수께서 이르시되 내가 진실로 너희에게 이르노니 세상이 새롭게 되어 인자가 자기 영광의 보좌에 앉을 때에 나를 따르는 너희도 열두 보좌에 앉아 이스라엘 열두 지파를 심판하리라 ²⁹또 내 이름을 위하여 집이나 형제나 자매나 부모나 자식이나 전토를 버린 자마다 여러 배를 받고 또 영생을 상속하리라 ³⁰그러나 먼저 된 자로서 나중 되고 나중 된 자로서 먼저 될 자가 많으니라 ^{20:1}천국은 마치 품꾼을 얻어 포도원에 들여보내려고 이른 아침에 나간 집 주인과 같으니 ²그가 하루 한 데나리온씩 품꾼들과 약속하여 포도원에 들여보내고 ³또 제삼시에 나가 보니 장터에 놀고 서 있는 사람들이 또 있는지라 ⁴그들에게 이르되 너희도 포도원에 들어가라 내가 너희에게 상당하게 주리라 하니 그들이 가고 ⁵제육시와 제구시에 또 나가 그와 같이 하고 ⁶제십일시에도 나가 보니 서 있는 사람들이 또 있는지라 이르되 너희는 어찌하여 종일토록 놀고 여기 서 있느냐 ⁷이르되 우리를 품꾼으로 쓰는 이가 없음이니이다 이르되 너희도 포도원에 들어가라 하니라 ⁸저물매 포도원 주인이 청지기에게 이르되 품꾼들을 불러 나중 온 자로부터 시작하여 먼저 온 자까지 삯을 주라 하니 ⁹제십일시에 온 자들이 와서 한 데나리온씩을 받거늘 ¹⁰먼저 온 자들이 와서 더 받을 줄 알았더니 그들도 한 데나리온씩 받은지라 ¹¹받은 후 집 주인을 원망하여 이르되 ¹²나중 온 이 사람들은 한 시간밖에 일하지 아니하였거늘 그들을 종일 수고하며 더위를 견딘 우리와 같게 하였나이다 ¹³주인이 그 중의 한 사람에게 대답하여 이르되 친구여 내가 네게 잘못한 것이 없노라 네가 나와 한 데나리온의 약속을 하지 아니하였느냐 ¹⁴네 것이나 가지고 가라 나중 온 이 사람에게 너와 같이 주는 것이 내 뜻이니라 ¹⁵내 것을 가지고 내 뜻대로 할 것이 아니냐 내가 선하므로 네가 악하게 보느냐 ¹⁶이와 같이 나중 된 자로서 먼저 되고 먼저 된 자로서 나중 되리라

(마 19:16~20:16)

왜람된 설교

　　마태복음 19장에는 재물이 많은 청년의 이야기, 20장에는 품꾼을 포도원에 들여보내는 집주인의 이야기가 있습니다. 이 두 이야기의 공통점이 있습니다.

“먼저 된 자로서 나중 되고 나중 된 자로서 먼저 될 자가 많으니라” (마 19:30)

“이와 같이 나중 된 자로서 먼저 되고 먼저 된 자로서 나중 되리라” (마 20:16)

　　공통으로 같은 말이 있다는 것은 같은 메시지를 담고 있다는 것입니다. 부자 청년의 이야기와 포도원 집주인 이야기는 연결되어 있습니다.

　　첫 번째 주인공을 먼저 만나보겠습니다. 부자 청년은 예수님께 “무슨 선한 일을 하여야 영생을 얻겠습니까?” 하고 묻습니다. 예수님께서는 “계명을 지키라.” 말씀하시고 청년은 “다 지켰습니다.”라고 답합니다.

　　그리고 청년은 다시 “아직도 무엇이 부족합니까?”라고 묻습니다. 예수님께서는 “네 소유를 팔아 가난한 자에게 주라. 하늘에서 보화가 네게 있으리라. 그리고 나를 따르라.” 하셨습니다. 그러나 청년은 재물이 많아 근심하며 예

삯과 은혜

수님을 떠났습니다. 예수님께서 부자 청년이 떠나자 제자
들에게 말씀하셨습니다.

“다시 너희에게 말하노니 낙타가 바늘귀로 들어가는
것이 부자가 하나님의 나라에 들어가는 것보다 쉬우니
라 하시니” (마 19:24)

천국에 들어가는 것이 엄청 어렵다는 뜻입니다. 그 말씀
에 제자들이 놀라 질문합니다.

“제자들이 듣고 몹시 놀라 이르되 그렇다면 누가 구원
을 얻을 수 있으리이까” (마 19:25)
“예수께서 그들을 보시며 이르시되 사람으로는 할 수
없으나 하나님으로서는 다 하실 수 있느니라” (마 19:26)

하나님께서는 하실 수 있다는 예수님의 말씀에 베드로는
용기가 생겼습니다. 그리고 아주 결정적인 질문을 합니다.

“이에 베드로가 대답하여 이르되 보소서 우리가 모든
것을 버리고 주를 따랐사온대 그런즉 우리가 무엇을 얻
으리이까” (마 19:27)
“예수께서 이르시되 내가 진실로 너희에게 이르노니

세상이 새롭게 되어 인자가 자기 영광의 보좌에 앉을
때에 나를 따르는 너희도 열두 보좌에 앉아 이스라엘
열두 지파를 심판하리라 또 내 이름을 위하여 집이나
형제나 자매나 부모나 자식이나 전토를 버린 자마다 여
러 배를 받고 또 영생을 상속하리라" (마 19:28~29)

'예수님을 따르는 사람들은 엄청나게 많은 것을 받게 될
것이다.'라는 뜻입니다.

그러나 우리가 주목해야 할 말씀은 30절입니다. 27절의
결정적인 질문에 대한 답은 28~29절이 아니라 마태복음
19장 30절입니다.

"먼저 된 자로서 나중 되고 나중 된 자로서 먼저 될 자
가 많으니라" (마 19:30)

'누군가 많이 받겠지만 너희가 받을지는 알 수 없다'라는
의미입니다. 마태복음 19장 30절의 의미를 20장에서 비유
로 한 번 더 말씀하신 것입니다. 비유를 해석하면 예수님
의 의도가 분명해집니다.

"천국은 마치 품꾼을 얻어 포도원에 들여보내려고 이
른 아침에 나간 집 주인과 같으니" (마 20:1)

'천국은 집주인과 같다.'

예수님께서는 무엇을 줄 것인지 말씀하시지 않고 그것을 주는 분이 어떤 성격을 가진 분인지에 대해 말하고 계십니다. '무엇을 얻을 수 있는가?'에서 '주는 이가 누구인가?'로 질문의 성격을 바꾸려 합니다.

그렇다면 집주인은 어떤 분일까요? 주인은 삼시(오전 9시), 육시(오후 12시), 구시(오후 3시), 십일시(오후 5시)에 나가 포도원에 일꾼을 부릅니다.

20장에 나오는 품꾼을 크게 두 종류로 나눌 수 있습니다. 아침부터 와서 종일 수고하고 더위를 견딘 사람들과 오후 5시에 늦게 합류한 사람들입니다. 일당을 받을 시간이 되자 늦게 온 사람들이 먼저 한 데나리온씩을 받았습니다. 아침부터 온 사람들은 오후 5시에 온 사람들이 한 데나리온을 받자 더 받을 줄 알았습니다. 그러나 같은 임금을 받게 되자 불만이 터져 나옵니다.

> "받은 후 집 주인을 원망하여 이르되 나중 온 이 사람들은 한 시간밖에 일하지 아니하였거늘 그들을 종일 수고하며 더위를 견딘 우리와 같게 하였나이다" (마 20:11~12)

주인의 답입니다.

> "주인이 그 중의 한 사람에게 대답하여 이르되 친구여
> 내가 네게 잘못한 것이 없노라 네가 나와 한 데나리온
> 의 약속을 하지 아니하였느냐 네 것이나 가지고 가라
> 나중 온 이 사람에게 너와 같이 주는 것이 내 뜻이니라
> 내 것을 가지고 내 뜻대로 할 것이 아니냐 내가 선하므
> 로 네가 악하게 보느냐" (마 20:13~15)

여기에서 집주인이 어떤 사람인지 알 수 있습니다. 늦게
온 사람에게도 삯을 후하게 주었으니 좋은 성품을 가진 주
인일까요? '내가 선하므로'는 '나의 행동에는 문제가 없다'
는 의미이지 성품이 착하다는 의미가 아닙니다. 힌트는
19장 30절과 20장 16절입니다.

> "먼저 된 자로서 나중 되고 나중 된 자로서 먼저 될 자
> 가 많으니라" (마 19:30)
> "이와 같이 나중 된 자로서 먼저 되고 먼저 된 자로서
> 나중 되리라" (마 20:16)

어떤 뜻일까요? 예수님께서 말하려는 주인의 의미는 '자
기 마음대로 하는 주인'입니다. 오늘 이야기가 늦게 오는

자에게 베푸는 주인의 이야기라면 다음에는 늦게 오면 됩니다. 주인은 자비를 베푸는 사람이 아닙니다. 자기 마음대로 하겠다는 주인입니다. 다음에 변할 수 있는 것입니다. 어느 장단에 맞추어야 할지 알 수가 없는 노릇입니다. 죽이 끓듯이, 예측이 불가능합니다. '너희들이 생각한 대로 되게 하지는 않겠다'는 뜻입니다. 거기에는 무슨 의도가 있는 것일까요? '내가 주는 것은 삯이 되지 않고 은혜가 되게 하겠다'는 뜻입니다.

<blockquote>"일하는 자에게는 그 삯이 은혜로 여겨지지 아니하고 보수로 여겨지거니와" (롬 4:4)</blockquote>

삯은 무슨 말인가요? 일에 대한 일종의 빚입니다. 마땅히 갚아야 하는 것입니다. 무조건 지켜야 하는 약속, 규칙입니다. "네가 나와 한 데나리온의 약속을 하지 아니하였느냐" (마 20:13)

그러나 은혜는 정해 놓은 규칙이 아닙니다. 규칙을 깨고 허락되는 것입니다. 빚이 아닙니다. 당연하게 받아야 할 것이 아니라는 말입니다. 너희들이 당당히 요구하는 것으로 되게 하지 않겠다는 말입니다. 그러나 한국 기독교인들은 이렇게 기도합니다. "내 것 내놓으세요. 하나님은 내게

빚이 있습니다."

부자 청년의 질문입니다.

베드로의 질문입니다.

하나님께서는 '내 마음대로 줄 것이다.', '너희들이 생각
한 대로 주지는 않을 것이다.'라고 대답하십니다.

제자들은 자신들이 모든 것을 버리고 예수님을 따른 대
가로 천국에서 많은 것을 받을 것으로 생각하고 있었습니
다. 예수님께서는 그런 제자들의 마음 상태를 읽으시고 날
선 칼로 욕망의 근거를 잘라버리십니다.

노력의 대가로 구원이 이루어지는 것이라면 그것은 하
나님과 상관없는 것입니다. '먼저 된 자가 나중 되고 나중
된 자 먼저 된다.'라는 말씀은 삯이 아니라 은혜가 되게 하

다는 뜻입니다. 은혜만이 생명이 된다는 예수님의 강력한
말씀입니다.

성도 여러분! 하나님을 안다고 하는 것이 얼마나 위험한
것인지 알아야 합니다. 성서가 끝없이 하나님의 은혜를 강
조하는 이유를 묵상하시고 영원한 미궁이신 하나님을 찬
양하시는 성도님들이 되시기를 소망합니다.

08

전쟁 승리의 목적

사사기 7:1~8

¹여룹바알이라 하는 기드온과 그를 따르는 모든 백성이 일찍이 일어나 하롯 샘 곁에 진을 쳤고 미디안의 진영은 그들의 북쪽이요 모레 산 앞 골짜기에 있었더라 ²여호와께서 기드온에게 이르시되 너를 따르는 백성이 너무 많은즉 내가 그들의 손에 미디안 사람을 넘겨 주지 아니하리니 이는 이스라엘이 나를 거슬러 스스로 자랑하기를 내 손이 나를 구원하였다 할까 함이니라 ³이제 너는 백성의 귀에 외쳐 이르기를 누구든지 두려워 떠는 자는 길르앗 산을 떠나 돌아가라 하라 하시니 이에 돌아간 백성이 이만 이천 명이요 남은 자가 만 명이었더라 ⁴여호와께서 또 기드온에게 이르시되 백성이 아직도 많으니 그들을 인도하여 물 가로 내려가라 거기서 내가 너를 위하여 그들을 시험하리라 내가 누구를 가리켜 네게 이르기를 이 사람이 너와 함께 가리라 하면 그는 너와 함께 갈 것이요 내가 누구를 가리켜 네게 이르기를 이

사람은 너와 함께 가지 말 것이니라 하면 그는 가지 말 것이니라 하신지라 ⁵이에 백성을 인도하여 물 가에 내려가매 여호와께서 기드온에게 이르시되 누구든지 개가 핥는 것 같이 혀로 물을 핥는 자들을 너는 따로 세우고 또 누구든지 무릎을 꿇고 마시는 자들도 그와 같이 하라 하시더니 ⁶손으로 움켜 입에 대고 핥는 자의 수는 삼백 명이요 그 외의 백성은 다 무릎을 꿇고 물을 마신지라 ⁷여호와께서 기드온에게 이르시되 내가 이 물을 핥아 먹은 삼백 명으로 너희를 구원하며 미디안을 네 손에 넘겨 주리니 남은 백성은 각각 자기의 처소로 돌아갈 것이니라 하시니 ⁸이에 백성이 양식과 나팔을 손에 든지라 기드온이 이스라엘 모든 백성을 각각 그의 장막으로 돌려보내고 그 삼백 명은 머물게 하니라 미디안 진영은 그 아래 골짜기 가운데에 있었더라 (삿 7:1~8)

이스라엘은 7년 동안 괴롭히던 미디안과 독립 전쟁을 합니다. 미디안의 병력은 13만 5천 명이고, 이스라엘의 병력은 3만 2천 명입니다. 상황을 보면 이스라엘의 병력이 턱없이 부족하여 이기기 어려운 전쟁입니다.

그런데 하나님께서는 기드온에게 군사가 많아서 전쟁에서 이길 수 없다고 하시고, 두려운 사람은 집으로 돌아가

왜람된 설교

라고 하십니다. 그래서 2만 2천명이 집으로 돌아갑니다.

이제 만 명이 남았습니다. 그러나 아직도 많다고 하십니다. 하나님께서는 병사들을 물가에 데리고 가서 물 먹는 것으로 시험하십니다. 무릎 꿇고 먹는 사람은 돌아가게 하시고, 손으로 물을 떠서 물을 핥아먹는 자들을 선택하십니다.

이제 300명이 남았습니다. 하나님께서는 남은 300명으로 전쟁에 승리하십니다. 그래서 우리는 300명 용사라고 부릅니다. 용감한 사람이라는 뜻입니다. 교회의 표어 중에 '기드온의 300명 용사가 됩시다'라는 것도 있습니다. 교회가 이렇게 자주 사용하는 것은 기드온의 이야기가 아주 특별하다는 뜻입니다.

그러나 저는 300명 용사라는 말이 자꾸 거슬립니다. 이 말을 우리가 잘 쓰고 있는 것일까요? 물론 300명은 두려움이 없는 자들이었고 물을 먹는 방법도 남달랐습니다. 그렇지만 '300명 용사'라는 것에는 동의할 수 없습니다. 제가 동의하지 못하는 이유를 설명하겠습니다.

"이는 이스라엘이 나를 거슬러 스스로 자랑하기를 내 손이 나를 구원하였다 할까 함이니라" (삿 7:2)

전쟁 승리의 목적

사사기 7장 2절은 기드온과 300명의 전쟁을 해석하는 열쇠입니다. 3만 2천 명 대 13만 명은 이기기 어려운 전쟁입니다. 그러나 역사에서 수적 열세에도 승리한 전쟁은 많았습니다. 1만 명 대 13만 명은 더 이기기 어려운 전쟁이 되었지만, 전술을 잘 짜면 가능합니다.

그러나 300명 대 13만 명은 누가 봐도 이길 수 없는 전쟁입니다. 300명은 '이길 수 없는 수'라는 의미 외에는 없습니다. 인간의 힘이 전혀 사용되지 않았고, 하나님의 개입이 없이는 이길 수 없는 전쟁이라는 뜻입니다. 그들이 물을 어떻게 먹었느냐는 중요하지 않습니다. 물을 핥아먹은 자들이 300명이었을 뿐입니다. 적은 수를 선택하셨을 뿐입니다.

전쟁은 승리하는 것이 매우 중요합니다. 그러나 전쟁의 목적은 이기는 것만이 아닙니다. 어떻게 이기느냐는 더 중요합니다. 3만 2천 명으로 이겼더라면, 1만 명으로 이겼더라면 2절의 말씀대로 '스스로 자랑하기를 내 손이 나를 구원하였다' 하였을 것입니다. 전쟁에서 이기고 서로의 능력을 자랑하며 그 대가를 바라게 되었을 것입니다. '300명 용사가 되자'라는 말에 동의하지 않는 이유입니다.

'용사'라는 말의 저변에는 용감해서 전쟁에서 이겼다는 의미가 있습니다. 300명이 용감해서 전쟁에서 이겼다면 전쟁의 목적에서 이탈한 것입니다. '300명 기도의 용사'라는 것도 기도 때문에 하나님이 들어주셨다고 생각하게 만듭니다. 용사라고 해주니 교회에서 특별한 사람이 된 것 같아서 기분이 좋습니다. 이러한 사람의 심리를 이용한 설교들이 한국 강단에서 수없이 나옵니다. 그래서 헌금이 강조되고, 헌신이 강조되고, 기도와 능력이 강조되고 있습니다.

간증을 들어보면 '새벽예배를 한 번도 안 빼먹었다.', '잠을 네 시간 이상 자지 않고 기도와 성실로 교회를 섬긴다.' 그리고 나서 민망해서인지 그 뒤에 '모든 것이 하나님의 은혜입니다.'라고 말합니다. 성도님들의 수고와 헌신, 기도는 귀한 것입니다. 그러나 어떻게, 왜 해야 하는지 모른다면 그것은 오히려 우리의 영성을 망치는 일입니다. 기도하면 할수록 자기의 의만 커질 뿐입니다. 기도를 왜 해야 하는지 모르는 기도입니다. 전쟁을 왜 이겨야 하는지 모르는 것과 같습니다.

그럴 때는 어떻게 해야 할까요? 덜어내야 합니다. 3만 2천에서 1만으로, 1만에서 300으로 덜어내야 합니다. 위험한 말이 될 수 있지만, 기도를 멈추고 하나님께서 하시는 일을 지켜볼 수 있어야 합니다.

한국교회는 교회 성장을 자랑하기 바빴습니다. 집으로 돌아가지 않은 것을 자랑하였고 물을 핥아먹은 것을 자랑하였습니다. 자랑하는 마음이 있으면 전쟁에서 이겨봐야 의미가 없습니다.

또 기드온과 300명이 용사가 될 수 없는 것은 성서를 읽어보면 알 수 있습니다.

"기드온이 하나님께 여쭈되 주께서 이미 말씀하심 같이 내 손으로 이스라엘을 구원하시려거든 보소서 내가 양털 한 뭉치를 타작 마당에 두리니 만일 이슬이 양털에만 있고 주변 땅은 마르면 주께서 이미 말씀하심 같이 내 손으로 이스라엘을 구원하실 줄을 내가 알겠나이다 하였더니" (삿 6:36~37)

기드온은 확신을 얻기 위해 양털시험을 두 번이나 합니다. 그러나 확신하지 못합니다.

"만일 네가 내려가기를 두려워하거든 네 부하 부라와 함께 그 진영으로 내려가서 그들이 하는 말을 들으라 그 후에 네 손이 강하여져서 그 진영으로 내려가리라

왜람된 설교

하시니"(삿 7:10~11)

전쟁을 나가기 직전까지 기드온은 두려웠습니다. 그래서 하나님께서 적군의 꿈과 해몽을 통해 기드온에게 승리를 확신시켜주십니다. 그 적군의 꿈과 해몽을 들은 후에 기드온은 강해집니다. 그리고 승리합니다. 사사기 8장 1절을 보면 7장 2절의 말씀이 기우가 아니라는 것을 알 수 있습니다.

"에브라임 사람들이 기드온에게 이르되 네가 미디안과 싸우러 갈 때에 우리를 부르지 아니하였으니 우리를 이같이 대접함은 어찌 됨이냐 하고 그와 크게 다투는지라"(삿 8:1)

에브라임 사람들은 전공戰功을 나누어 가질 생각뿐입니다. 이스라엘 백성들도 마찬가지입니다.

"그 때에 이스라엘 사람들이 기드온에게 이르되 당신이 우리를 미디안의 손에서 구원하셨으니 당신과 당신의 아들과 당신의 손자가 우리를 다스리소서"(삿 8:22)

이스라엘 백성들은 기드온에게 전공을 돌리고 있습니다.

전쟁 승리의 목적

그들도 300명으로 이긴 전쟁 승리의 목적을 알지 못합니다. 이제 전쟁에 승리한 기드온의 간증입니다.

> "기드온이 그들에게 이르되 내가 너희를 다스리지 아니하겠고 나의 아들도 너희를 다스리지 아니할 것이요 여호와께서 너희를 다스리시리라 하니라" (삿 8:23)

기드온만이 전쟁 승리의 목적을 알 뿐입니다. 참신은 야훼 하나님이라는 것을 이스라엘 백성에게 알리는 것이 전쟁 승리의 목적입니다.

성도 여러분! 하나님께서 오죽하시면 300명까지 덜어내시겠습니까? 이스라엘 민족의 수많은 배신과 불신앙이 우리의 욕망과 어떤 관련이 있는지 묵상하시는 성도님들이 되시기를 바랍니다.

왜람된 설교

09

무심코

열왕기상 22:17~36

[17]그가 이르되 내가 보니 온 이스라엘이 목자 없는 양 같이 산에 흩어졌는데 여호와의 말씀이 이 무리에게 주인이 없으니 각각 평안히 자기의 집으로 돌아갈 것이니라 하셨나이다 [18]이스라엘의 왕이 여호사밧 왕에게 이르되 저 사람이 내게 대하여 길한 것을 예언하지 아니하고 흉한 것을 예언하겠다고 당신에게 말씀하지 아니하였나이까 [19]미가야가 이르되 그런즉 왕은 여호와의 말씀을 들으소서 내가 보니 여호와께서 그의 보좌에 앉으셨고 하늘의 만군이 그의 좌우편에 모시고 서 있는데 [20]여호와께서 말씀하시기를 누가 아합을 꾀어 그를 길르앗 라못에 올라가서 죽게 할꼬 하시니 하나는 이렇게 하겠다 하고 또 하나는 저렇게 하겠다 하였는데 [21]한 영이 나아와 여호와 앞에 서서 말하되 내가 그를 꾀겠나이다 [22]여호와께서 그에게 이르시되 어떻게 하겠느냐 이르되 내가 나가서 거짓말하는 영이 되어 그의 모든 선

지자들의 입에 있겠나이다 여호와께서 이르시되 너는 꾀겠고 또 이루리라 나가서 그리하라 하셨은즉 ²³이제 여호와께서 거짓말 하는 영을 왕의 이 모든 선지자의 입에 넣으셨고 또 여호와께서 왕에 대하여 화를 말씀하셨나이다 ²⁴그나아나의 아들 시드기야 가 가까이 와서 미가야의 뺨을 치며 이르되 여호와의 영이 나를 떠나 어디로 가서 네게 말씀하시더냐 ²⁵미가야가 이르되 네가 골 방에 들어가서 숨는 그 날에 보리라 ²⁶이스라엘의 왕이 이르되 미가야를 잡아 성주 아몬과 왕자 요아스에게로 끌고 돌아가서 ²⁷말하기를 왕의 말씀이 이 놈을 옥에 가두고 내가 평안히 돌아 올 때까지 고생의 떡과 고생의 물을 먹이라 하였다 하라 ²⁸미가 야가 이르되 왕이 참으로 평안히 돌아오시게 될진대 여호와께서 나를 통하여 말씀하지 아니하셨으리이다 또 이르되 너희 백성들 아 다 들을지어다 하니라 ²⁹이스라엘의 왕과 유다의 여호사밧 왕 이 길르앗 라못으로 올라가니라 ³⁰이스라엘의 왕이 여호사밧에 게 이르되 나는 변장하고 전쟁터로 들어가려 하노니 당신은 왕 복을 입으소서 하고 이스라엘의 왕이 변장하고 전쟁터로 들어가 니라 ³¹아람 왕이 그의 병거의 지휘관 삼십이 명에게 명령하여 이 르기를 너희는 작은 자나 큰 자와 더불어 싸우지 말고 오직 이스 라엘 왕과 싸우라 한지라 ³²병거의 지휘관들이 여호사밧을 보고 그들이 이르되 이가 틀림없이 이스라엘의 왕이라 하고 돌이켜 그와 싸우려 한즉 여호사밧이 소리를 지르는지라 ³³병거의 지휘

왜람된 설교

관들이 그가 이스라엘의 왕이 아님을 보고 쫓기를 그치고 돌이켰더라 [34]한 사람이 무심코 활을 당겨 이스라엘 왕의 갑옷 솔기를 맞힌지라 왕이 그 병거 모는 자에게 이르되 내가 부상하였으니 네 손을 돌려 내가 전쟁터에서 나가게 하라 하였으나 [35]이 날에 전쟁이 맹렬하였으므로 왕이 병거 가운데에 붙들려 서서 아람 사람을 막다가 저녁에 이르러 죽었는데 상처의 피가 흘러 병거 바닥에 고였더라 [36]해가 질 녘에 진중에서 외치는 소리가 있어 이르되 각기 성읍으로 또는 각기 본향으로 가라 하더라 (왕상 22:17~36)

오늘 본문은 북이스라엘 아합 왕과 남유다 여호사밧 왕이 동맹하여 아람과 전쟁을 하는 대목입니다. 아합 왕은 전쟁을 나서기 전에 사백 명의 선지자에게 전쟁에서 이길 수 있을 것인지를 묻습니다. 모든 선지자가 이길 것이라고 합니다.

그런데 '미가야'라는 선지자는 이 전쟁에서 아합 왕이 죽을 것이라고 예언합니다. 미가야는 하나님께서 400명의 선지자들에게 거짓 영을 내려서 거짓 예언을 하게 하셨다고 말합니다. 그러자 시드기야 선지자는 미가야 선지자의 빰을 치며 아합 왕이 반드시 이긴다고 합니다. 화가 난 아합 왕은 선지자 미가야를 감옥에 가두고 음식도 거의 주지 않습니다. 아합 왕은 미가야의 예언이 틀렸다는 것을 증명하기 위해 변장을 합니다. 변장한 아합 왕에게 어떤 일이 생겼는지 살펴보면 성서가 우리에게 전하고 싶은 바가 보입니다.

> "한 사람이 무심코 활을 당겨 이스라엘 왕의 갑옷 솔기를 맞힌지라 왕이 그 병거 모는 자에게 이르되 내가 부상하였으니 네 손을 돌려 내가 전쟁터에서 나가게 하라 하였으나 이 날에 전쟁이 맹렬하였으므로 왕이 병거 가운데에 붙들려 서서 아람 사람을 막다가 저녁에 이르러 죽었는데 상처의 피가 흘러 병거 바닥에 고였더라" (왕상 22:34~35)

'한 사람'은 이름도 없는 알려지지 않은 사람입니다. '무심코'는 인위적인 것이 없는 곧 규칙이 없는 우연이라는 뜻입니다. '갑옷 솔기'는 갑옷의 옷감과 옷감 사이로 제일 약한 곳입니다. 활을 쏠 때 그 부분을 의도적으로 맞추려고 한 것이 아닙니다.

아합 왕은 죽을 정도의 부상을 당하지 않았기 때문에 살 수 있는 기회가 있었습니다. 아합 왕은 '내가 전쟁터에서 나가게 하라'는 명을 내립니다. 왕은 부하에게 명을 내렸지만 전쟁이 맹렬하여 왕이 내린 명령을 받을 상황이 못 되었습니다. 결국, 아합 왕은 저녁에 죽게 되는데 살 수 있는 시간은 충분했다고 성서는 재차 강조합니다. 400명의 예언에도 불구하고, 아합왕의 변장에도 불구하고 예언은 결국 이루어지고 말았습니다.

오늘 본문이 우리에게 주는 교훈은 선지자가 예언하신 것은 무조건 이루신다는 것일까요? 이런 것들은 주변에 불과합니다. 하나님의 의도를 설명하는 도구에 불과합니다. 우리는 간혹 중심이 아닌 주변에 한눈을 팔 때가 있습니다. 그때 우리는 성서기자들이 가리키는 손과 목소리를 따라가야 합니다.

그렇다면 오늘 본문이 우리에게 강조하는 것은 무엇일까요? 그것을 알 수 있게 하는 단어가 바로 '무심코'입니다. '무심코'는 인위적인 것이 없는 곧 규칙이 없는 우연이라는 뜻입니다. 미래, 우연, 불규칙, 불확실 이런 것들은 인간이 통제할 수 있는 것이 아닙니다. 인간이 우연을 통제할 수 없다는 것은 역사를 이끌어 갈 수 있는 능력이 없다는 뜻

무심코

입니다. 하나님만이 미래와 우연과 불규칙과 불확실을 통제하실 수 있습니다. 하나님께서 그것들의 주인이시기 때문입니다. 성서기자는 역사의 주인은 하나님이며 하나님께서 역사를 주도하신다고 강조합니다.

왜 인간의 주도성을 부인할까요? 인간이 주도하는 사회가 불행해지는 것을 보았기 때문입니다. 인간이 역사를 주도한다는 것은 힘이 한쪽으로 몰린다는 것을 의미합니다. 힘의 독점이 가능해진다는 의미입니다. 인간의 욕심은 그 기회를 놓치지 않고 마음껏 발휘됩니다. 힘의 독점은 인간의 살상이나 전쟁을 정당화시켜줍니다. 정당화된 힘은 결국 인간을 힘의 노예가 되게 하고 인간성을 상실시킵니다.

그러나 여호와 신앙은 인간을 하나님 앞에서 평등하게 만듭니다. 왕 같은 권력조차 하나님 앞에서는 무능력하다는 것을 알립니다. '전쟁터에서 나가라'는 왕의 명령이 인간이 통제할 수 없는 상황으로 무기력하게 됩니다. 변장하는 인간의 수단을 우연이라는 수단으로 처리하십니다. 의도하지 않고, 또 누가 쏘았는지도 모르는 화살이 왕이 입은 좋은 갑옷의 제일 약한 지점에 꽂힙니다.

힘을 독점한 권력, 정당화된 권력, 살인(나봇의 포도원)과 억압과 거짓으로 쟁취한 힘도 하나님 안에 있다는 것을 알려주는 것입니다. 독점된 권력의 정당성을 지탱해주는 바알 신앙이 참 신앙이 아니라는 것을 알려줍니다. 성서가 얼마나 인간이 힘을 독점하는 것에 대해 민감한지 알아야 합니다. 이것은 인간의 모든 문제와 연결된 인간의 욕망에 관한 것입니다.

> "여러분 가운데 싸움과 다툼이 일어나는 원인이 무엇인지 아십니까? 그것은 바로 여러분 속에 분쟁을 일으키는 이기적인 욕망에서 비롯된 것입니다. 원하는 마음은 있는데 갖지 못하다 보니, 다른 사람을 죽이기도 하고 시기하기도 합니다." (약 4:1~2, 쉬운성경)

이 땅에 어떤 힘도 남아 있지 않아야 인간은 비로소 인간다워집니다. 모든 힘과 능력을 하나님이 독점하셔야 인간은 평등해집니다.

> "큰 음성으로 이르되 죽임을 당하신 어린 양은 능력과 부와 지혜와 힘과 존귀와 영광과 찬송을 받으시기에 합당하도다" (계 5:12)

성서가 치밀하게 인간의 역사 주도성을 부인하고 하나

무심코

님만이 역사의 주인이심을 찬양하는 이유입니다.

성도 여러분! 하나님께서 우연과 같은 예측불가능한 방법으로 역사를 주도하신다면 우리는 하나님께 의존하여 살 수 밖에 없습니다. 하나님의 자비하심과 도우심을 기대하며 사시는 성도님들이 되시기를 바랍니다.

10

아브라함의 계약

창세기 15:1~12, 17~18

¹이 후에 여호와의 말씀이 환상 중에 아브람에게 임하여 이르시되 아브람아 두려워하지 말라 나는 네 방패요 너의 지극히 큰 상급이니라 ²아브람이 이르되 주 여호와여 무엇을 내게 주시려 하나이까 나는 자식이 없사오니 나의 상속자는 이 다메섹 사람 엘리에셀이니이다 ³아브람이 또 이르되 주께서 내게 씨를 주지 아니하셨으니 내 집에서 길린 자가 내 상속자가 될 것이니이다 ⁴여호와의 말씀이 그에게 임하여 이르시되 그 사람이 네 상속자가 아니라 네 몸에서 날 자가 네 상속자가 되리라 하시고 ⁵그를 이끌고 밖으로 나가 이르시되 하늘을 우러러 뭇별을 셀 수 있나 보라 또 그에게 이르시되 네 자손이 이와 같으리라 ⁶아브람이 여호와를 믿으니 여호와께서 이를 그의 의로 여기시고 ⁷또 그에게 이르시되 나는 이 땅을 네게 주어 소유를 삼게 하려고 너를 갈대아인의 우르에서 이끌어 낸 여호와니라 ⁸그가 이르되 주 여

호와여 내가 이 땅을 소유로 받을 것을 무엇으로 알리이까 ⁹여호와께서 그에게 이르시되 나를 위하여 삼 년 된 암소와 삼 년 된 암염소와 삼 년 된 숫양과 산비둘기와 집비둘기 새끼를 가져올지니라 ¹⁰아브람이 그 모든 것을 가져다가 그 중간을 쪼개고 그 쪼갠 것을 마주 대하여 놓고 그 새는 쪼개지 아니하였으며 ¹¹솔개가 그 사체 위에 내릴 때에는 아브람이 쫓았더라 ¹²해 질 때에 아브람에게 깊은 잠이 임하고 큰 흑암과 두려움이 그에게 임하였더니 … ¹⁷해가 져서 어두울 때에 연기 나는 화로가 보이며 타는 횃불이 쪼갠 고기 사이로 지나더라 ¹⁸그 날에 여호와께서 아브람과 더불어 언약을 세워 이르시되 내가 이 땅을 애굽 강에서부터 그 큰 강 유브라데까지 네 자손에게 주노니 (창 15:1~12, 17~18)

하나님께서는 아브라함에게 여러 번 약속하셨습니다.

"내가 너로 큰 민족을 이루고 네게 복을 주어 네 이름을 창대하게 하리니 너는 복이 될지라" (창 12:2)
"보이는 땅을 내가 너와 네 자손에게 주리니 영원히 이르리라 내가 네 자손이 땅의 티끌 같게 하리니 사람이 땅의 티끌을 능히 셀 수 있을진대 네 자손도 세리라" (창 13:15~16)

왜람된 설교

오늘 본문은 하나님께서 아브라함에게 약속을 반복하시는 장면입니다.

> "아브람아 두려워하지 말라 나는 네 방패요 너의 지극히 큰 상급이니라" (창 15:1)

방패와 상급의 의미는 무엇일까요? 아브라함은 무엇을 두려워하고 있었을까요? 창세기 15장 2절을 읽으면 짐작할 수 있습니다. "아브람이 이르되 주 여호와여 무엇을 내게 주시려 하나이까 나는 자식이 없사오니 나의 상속자는 이 다메섹 사람 엘리에셀이니이다"

방패와 상급은 곧 자식과 관련된 것임을 알 수 있습니다. 아브람은 자식이 없었습니다. 이것으로 미루어보아 고대 사회에서 아들이 없다는 것이 얼마나 큰 문제였는지 짐작할 수 있습니다.

> "그 사람은 네 상속자가 아니라 네 몸에서 날 자가 네 상속자가 되리라" (창 15:4)

그리고 밖에 데리고 나가서 하늘의 별처럼 자손이 많게 해주겠다고 확인까지 하십니다.

“아브람이 여호와를 믿으니 여호와께서 이를 그의 의
로 여기시고” (창 15:6)

아브람이 믿은 내용은 무엇일까요? 아브람은 비록 늦었
지만, 자신과 사래가 아직 임신할 수 있는 능력이 있다고
판단했습니다. 그런데 아브람은 더 이상 말로 약속하는 것
만으로는 부족했던 모양입니다.

“그가 이르되 주 여호와여 내가 이 땅을 소유로 받을 것
을 무엇으로 알리이까?” (창 15:8)

우리가 보통 계약서를 작성할 때 제일 마지막에 찍는 것
이 있습니다. 바로 도장입니다. 아브람은 지금 하나님께 도
장을 찍어 달라고 하는 것입니다. 그랬더니 하나님께서 제
물을 가져오라 하셨고, 아브람은 제물을 잡아 쪼개어 제단
위에 올려놓고 기다렸습니다. 해질 때가 되어 연기 나는 화
로가 보이고 타는 횃불이 쪼갠 고기 사이로 지나갑니다.

“그 날에 여호와께서 아브람과 더불어 언약을 세워”
(창 15:18)

쪼갠 고기 사이로 불이 지나간 것은 도장을 찍은 것으로

왜람된 설교

약속을 확실히 이행하겠다는 선언입니다.

계약서에는 꼭 필요한 것들이 있습니다. 그런데 아브람의 계약서에는 빠진 것이 있습니다. 계약자는 하나님과 아브람, 계약 내용은 자식을 주는 것, 본인확인 도장까지 있습니다. 무엇이 빠졌을까요? 날짜가 빠졌습니다. 언제까지 해주겠다는 것이 빠졌습니다.

창세기 16장에서는 하나님께서 아직 계약을 이루어주시지 않았다는 것을 알려줍니다. 아브람이 가나안땅에 거주한 지 10년쯤 지나 85세가 되는 해의 일입니다.(창 16:3) 기다려도 자식이 생기지 않자 아브람의 아내 사래는 그 당시 자신의 종 하갈을 아브람에게 주어 자식을 낳게 합니다. 그리고도 14년이 흐른 후에 하나님께서 다시 나타나셨습니다.

여호와 하나님께서 아브라함에게 나타나실 때 표현하신 것은 '전능한 하나님'입니다. 왜 '전능한 하나님'이라고 표현하셨을까요?

아브라함의 마음 상태와 관련이 있습니다.

"아브라함이 이에 하나님께 아뢰되 이스마엘이나 하나님 앞에 살기를 원하나이다" (창 17:18)

이스마엘은 하갈에게서 낳은 아들입니다. 어떤 뜻일까요? "이제 됐습니다.", "이제 저는 포기했습니다."라는 뜻입니다.

"백 세 된 사람이 어찌 자식을 낳을까 사라는 구십 세니 어찌 출산하리요" (창 17:17)

창세기 15장의 아브라함은 임신이 가능한 나이였기 때문에 하나님의 약속을 믿었지만 이제 육체적인 가능성이 사라졌습니다. 육체적인 나이로는 임신이 불가능하다고 생각하는 아브라함 때문에 하나님께서는 '전능한 하나님', '지금도 나는 가능하다'는 표현을 하신 것입니다.

그리고 하나님께서 아브람을 아브라함으로, 사래는 사라로 이름을 바꾸라고 하십니다. 아브라함은 '많은 무리의 아버지'라는 뜻으로 결국 자식을 주시겠다는 의미입니다. 그리고 일 년 뒤 자식을 낳을 것이라고 말씀하시고 그 이

왜곡된 설교

름을 이삭이라고 지어주셨습니다.

하나님과 아브라함 사이의 계약서 기억하시죠? 어떤 내용이 빠져있었죠? 날짜입니다. 이제야 계약서가 완성된 것입니다. 언제까지 약속을 지키겠다는 완전한 계약서가 되었습니다.

우리는 여기에서 질문을 해야 합니다. '왜 하나님은 부실한 계약을 하시는가?' 입니다. 이것을 아는 것은 성서 전체의 맥을 아는 것입니다.

무엇일까요? 바로 주도권입니다. 하나님께서 주도권을 쥐고 계신 것입니다. 날짜를 알려주지 않으므로 주도권을 가질 수 있습니다. 왜 하나님께서 주도권을 쥐고 계셔야 할까요? 이스라엘 민족과 하나님의 관계를 설명하시려는 것입니다.

우리는 보통 아브라함의 이야기를 이렇게 해석합니다. '믿음으로 기다리면 결국에는 하나님께서 이루신다. 그러니 우리는 참고 기다리자.' 결국, 아브라함도 믿음으로 자식을 얻어 복을 받았다고 말합니다. 그러나 아브라함을 본받자는 것은 성서의 중심에서 멀어진 것입니다. '이스마엘이나 돌봐주세요.'라며 절망하는 아브라함을 떠올리시기 바랍니다. 아브라함은 육체의 한계를 인정하는 한 인간일 뿐 그 이상이 아닙니다.

성서는 그러한 관점의 책이 아닙니다. 생물학적으로 부모가 될 수 없는 사람에게 자식이 생겼다는 것은 어떤 의미일까요? 그것은 특별하다는 것이고 육체적인 관계를 넘어서는 강력한 관계를 의미합니다. 이스라엘 민족이 하나님과 특별한 관계라는 것을 아브라함의 이야기를 통해서 말하고 싶은 것입니다. 아브라함이 특별해서가 아니라 하나님의 주도에 의해 만들어진 관계이며, 인간의 능력이 한계에 있을 때도 이어가는 관계라는 뜻입니다. 꺼질 듯하면서 꺼지지 않는 촛불처럼 아슬아슬하게 이어 온 생명의 끈이니 얼마나 소중하고 강할까요?

여기에서 우리는 다시 질문이 필요합니다. 우리는 아브라함을 왜 알아야 할까요? 아브라함과 우리는 무슨 관계일까요?

"아브라함과 다윗의 자손 예수 그리스도의 계보라" (마 1:1)

무슨 뜻입니까? 교회의 뿌리를 아브라함에게 두고 있습니다. 아브라함에게 약속된 약속을 교회가 이어가고 있다

왜람된 설교

는 뜻입니다. 아슬아슬하게 꺼질 듯 꺼지지 않고 지금까지 온 생명력을 교회가 이어가고 있다는 선언입니다.

사도 바울의 글입니다.

> "높음이나 깊음이나 다른 어떤 피조물이라도 우리를
> 우리 주 그리스도 예수 안에 있는 하나님의 사랑에서
> 끊을 수 없으리라" (롬 8:39)

성도 여러분! '복 받으세요', '대박나세요'와 같은 말들이 우리에게 힘이 되기도 합니다. 그러나 하나님의 주도하심에 의해 아슬아슬하게 이어가는 아브라함의 계보가 그런 말보다 우리에게 더 큰 힘과 용기를 줍니다. 아브라함의 삶을 다시 확인하셔서 하나님의 위로가 충만한 삶을 사시는 성도님들이 되시기를 소망합니다.

/11/

베드로를 주목하라

사도행전 9:36~43

[36]욥바에 다비다라 하는 여제자가 있으니 그 이름을 번역하면 도르가라 선행과 구제하는 일이 심히 많더니 [37]그 때에 병들어 죽으매 시체를 씻어 다락에 누이니라 [38]룻다가 욥바에서 가까운지라 제자들이 베드로가 거기 있음을 듣고 두 사람을 보내어 지체 말고 와 달라고 간청하여 [39]베드로가 일어나 그들과 함께 가서 이르매 그들이 데리고 다락방에 올라가니 모든 과부가 베드로 곁에 서서 울며 도르가가 그들과 함께 있을 때에 지은 속옷과 겉옷을 다 내보이거늘 [40]베드로가 사람을 다 내보내고 무릎을 꿇고 기도하고 돌이켜 시체를 향하여 이르되 다비다야 일어나라 하니 그가 눈을 떠 베드로를 보고 일어나 앉는지라 [41]베드로가 손을 내밀어 일으키고 성도들과 과부들을 불러 들여 그가 살아난 것을 보이니 [42]온 욥바 사람이 알고 많은 사람이 주를 믿더라 [43]베드로가 욥바에 여러 날 있어 시몬이라 하는 무두장이의 집에서 머무니라 (행 9:36~43)

해변가에 있는 욥바에 선행과 구제를 많이 한 '다비다'라는 여제자가 있었습니다. '다비다'를 헬라어로 번역하면 '도르가'인데 사슴, 영양이라는 뜻입니다.

다비다가 병들어 죽자 사람들은 시체를 씻어 다락방에 뉘었습니다. 이것은 장례절차에 들어갔으니 확실히 죽었다는 의미가 있습니다. 그때 제자들이 욥바에서 18km 정도 떨어진 룻다에 베드로가 있다는 소식을 듣습니다. 그리고 지체 말고 와달라고 간청합니다.

베드로가 도착하여 시체가 있는 다락방에 올라갑니다. 그곳에는 평소에 다비다의 도움을 받은 과부들이 있었습니다. 과부들이 다비다가 만든 속옷과 겉옷을 보이며 웁니다. 착한 사람이 죽으면 죽음이 가혹하게 느껴져 마음이 더 아픕니다.

베드로는 모든 사람을 내보내고 무릎을 꿇고 기도합니다. 기도를 마치고 돌이켜 시체를 향하여 "다비다야 일어나라!" 하니 살아났습니다. 그 일로 욥바에 많은 사람들이 예수님을 믿었습니다.

이제 오늘 본문이 갖는 의미를 살펴보겠습니다. 베드로는 교회의 중심인물입니다. 그러나 교회는 아직 방향을 정

베드로를 주목하라

하지 못한 상태입니다. 그래서 성서기자가 베드로에게 집중하는 이유가 있습니다. 사도행전의 방향 곧 교회의 방향은 10장에서 확실하게 드러나고 있습니다.

어느 날, 베드로는 하늘이 열리는 환상을 보았습니다. 하늘에서 보자기가 내려오는 데 그 안에 각종 네발 가진 짐승과 기는 것과 공중에 나는 것들이 있었습니다. 하나님께서 먹으라고 하셨지만, 베드로는 '지금 하나님께서 먹으라고 하시는 것은 더러운 것입니다.'라며 거부합니다. 율법에서 먹지 말라고 하여 지금까지 한 번도 먹지 않았으니 베드로의 반응은 어찌 보면 당연합니다. 그러나 '하나님께서 깨끗하게 하신 것을 네가 속되다 하지 말라'는 소리가 납니다. 이것이 세 번 반복되는데, 세 번 반복되었다는 것은 강조를 의미합니다. 이렇게 강조하는 이유가 있습니다.

베드로는 이 환상에 어떤 의미가 있는지 몰랐습니다. 그러다 고넬료라는 이달리야 군대 백부장의 초청을 받게 되면서 환상의 의미를 알게 됩니다. 고넬료는 이방인이었습니다. 이방인은 하나님의 진노의 백성으로 하나님의 백성이 될 수 없는 사람입니다. 환상 속에 금지된 음식은 이방인이고 먹는 것은 이방인을 하나님 백성으로 받아들인다는 것을 뜻합니다.

베드로가 고넬료의 집에서 한 말입니다.

"이르되 유대인으로서 이방인과 교제하며 가까이 하는 것이 위법인 줄은 너희도 알거니와 하나님께서 내게 지시하사 아무도 속되다 하거나 깨끗하지 않다 하지 말라 하시기로"(행 10:28)

이방인과 가까이하지 못하게 하는 것은, 신앙의 변질을 가져오는 것을 방비하여 유대 사회를 지탱하려는 강력한 수단입니다. 이처럼 지금까지 생명처럼 보존한 강력한 법을 바꾸려면 얼마나 많은 에너지가 필요할까요?

오늘 본문은 그 가능성을 제공합니다. 혹 죽은 사람을 살린 사람의 말이라면 가능하지 않을까요? 베드로가 행한 기적은 베드로의 말에 힘을 실어줍니다. 베드로의 말이 사실이라고 강조하는 것과 같습니다. 교회가 이방인의 구원을 위해 나아가는 중요한 시점 바로 전에 다비다를 살리는 사건이 나오는 이유입니다. 또 환상을 세 번이나 강조하신 이유입니다.

한 가지가 더 있습니다. 베드로가 하는 행동을 따라가다 보면 베드로를 움직이는 힘이 있습니다.

베드로를 주목하라

"베드로가 그 환상에 대하여 생각할 때에 성령께서 그
에게 말씀하시되 두 사람이 너를 찾으니 일어나 의심하
지 말고 함께 가라 내가 그들을 보내었느니라" (행 10:19)

성령에 의해서 일이 진행되고 있었습니다. 성령에 의해
진행되는 것은 하나님의 뜻이고 예수님의 뜻이 됩니다. 죽
은 자를 살린 베드로의 말이라면, 성령께서 주도하는 일이
라면 거부하지 말아야 한다는 의미입니다.

"베드로가 이 말을 할 때에 성령이 말씀 듣는 모든 사람
에게 내려오시니 베드로와 함께 온 할례 받은 신자들이
이방인들에게도 성령 부어 주심으로 말미암아 놀라니"
(행 10:44~45)

할례를 받았다는 것은 정통 유대인이라는 의미입니다.
그들이 보는 앞에서 이방인들이 성령을 받았습니다. 성령
받는 것은 어떻게 확인할 수 있을까요?

"이는 방언을 말하며 하나님 높임을 들음이러라" (행
10:46)

사도행전의 첫 부분에서 왜 방언을 말하는 사건을 기록

왜곡된 설교

했는지 알 수 있습니다. 결국, 베드로는 율법이 금하여 지금까지 한 번도 먹지 않은 음식을 먹습니다.

> "이에 베드로가 이르되 이 사람들이 우리와 같이 성령을 받았으니 누가 능히 물로 세례 베풂을 금하리요 하고 명하여 예수 그리스도의 이름으로 세례를 베풀라 하니라" (행 10:47~48)

베드로는 주체할 수 없는 힘에 의해 움직이는 일련의 일들을 보며 이방인에게 세례를 베풀라고 명합니다. 세례를 베푼다는 것은 교회 공동체의 일원으로 인정한다는 의미입니다. 하나님의 구원의 백성이 된다는 의미입니다. 비록 베드로가 이방인 구원에 대해 오락가락하여 바울에게 핀잔을 먹기는 하지만 베드로의 이런 체험이 없었다면, 이런 기록이 남아 있지 않았다면 사도 바울의 이방인 선교는 힘을 잃었을지 모릅니다. 교회가 지금의 방향으로 오지 못했을 수 있었습니다. 성서가 다비다를 살린 베드로를 주목하게 하는 이유입니다.

성도 여러분! 전 세계를 향한 교회의 방향을 정하기가 이렇게 어려웠습니다. 이렇게 어렵게 정한 교회의 방향이

어떤 이념들에 의해 방해받지 않도록 우리는 기도해야 합
니다. 사도행전의 베드로를 주목해 주시고 교회의 방향을
위해 기도해주시기 바랍니다.

악조건의 의미

열왕기상 18:20~39

[20]아합이 이에 이스라엘의 모든 자손에게로 사람을 보내 선지자들을 갈멜 산으로 모으니라 [21]엘리야가 모든 백성에게 가까이 나아가 이르되 너희가 어느 때까지 둘 사이에서 머뭇머뭇 하려느냐 여호와가 만일 하나님이면 그를 따르고 바알이 만일 하나님이면 그를 따를지니라 하니 백성이 말 한마디도 대답하지 아니하는지라 [22]엘리야가 백성에게 이르되 여호와의 선지자는 나만 홀로 남았으나 바알의 선지자는 사백오십 명이로다 [23]그런즉 송아지 둘을 우리에게 가져오게 하고 그들은 송아지 한 마리를 택하여 각을 떠서 나무 위에 놓고 불은 붙이지 말며 나도 송아지 한 마리를 잡아 나무 위에 놓고 불은 붙이지 않고 [24]너희는 너희 신의 이름을 부르라 나는 여호와의 이름을 부르리니 이에 불로 응답하는 신 그가 하나님이니라 백성이 다 대답하되 그 말이 옳도다 하니라 [25]엘리야가 바알의 선지자들에게 이르되 너희

는 많으니 먼저 송아지 한 마리를 택하여 잡고 너희 신의 이름을 부르라 그러나 불을 붙이지 말라 [26]그들이 받은 송아지를 가져다가 잡고 아침부터 낮까지 바알의 이름을 불러 이르되 바알이여 우리에게 응답하소서 하나 아무 소리도 없고 아무 응답하는 자도 없으므로 그들이 그 쌓은 제단 주위에서 뛰놀더라 [27]정오에 이르러는 엘리야가 그들을 조롱하여 이르되 큰 소리로 부르라 그는 신인즉 묵상하고 있는지 혹은 그가 잠깐 나갔는지 혹은 그가 길을 행하는지 혹은 그가 잠이 들어서 깨워야 할 것인지 하매 [28]이에 그들이 큰 소리로 부르고 그들의 규례를 따라 피가 흐르기까지 칼과 창으로 그들의 몸을 상하게 하더라 [29]이같이 하여 정오가 지났고 그들이 미친 듯이 떠들어 저녁 소제 드릴 때까지 이르렀으나 아무 소리도 없고 응답하는 자나 돌아보는 자가 아무도 없더라 [30]엘리야가 모든 백성을 향하여 이르되 내게로 가까이 오라 백성이 다 그에게 가까이 가매 그가 무너진 여호와의 제단을 수축하되 [31]야곱의 아들들의 지파의 수효를 따라 엘리야가 돌 열두 개를 취하니 이 야곱은 옛적에 여호와의 말씀이 임하여 이르시기를 네 이름을 이스라엘이라 하리라 하신 자더라 [32]그가 여호와의 이름을 의지하여 그 돌로 제단을 쌓고 제단을 돌아가며 곡식 종자 두 세아를 둘 만한 도랑을 만들고 [33]또 나무를 벌이고 송아지의 각을 떠서 나무 위에 놓고 이르되 통 넷에 물을 채워다가 번제물과 나무 위에 부으라 하고 [34]또 이르되 다시 그리하라 하여 다시 그리하니 또 이르되 세 번째로 그리하라 하여 세 번째로 그리하니 ³⁵물이 제단으로 두루 흐르고 도랑에도 물이 가득 찼더라 ³⁶저녁 소제 드릴 때에 이르러 선지자 엘리야가 나아가서 말하되 아브라함과 이삭과 이스라엘의 하나님 여호와여 주께서 이스라엘 중에서 하나님이신 것과 내가 주의 종인 것과 내가 주의 말씀대로 이 모든 일을 행하는 것을 오늘 알게 하옵소서 ³⁷여호와여 내게 응답하옵소서 내게 응답하옵소서 이 백성에게 주 여호와는 하나님이신 것과 주는 그들의 마음을 되돌이키심을 알게 하옵소서 하매 ³⁸이에 여호와의 불이 내려서 번제물과 나무와 돌과 흙을 태우고 또 도랑의 물을 핥은지라 ³⁹모든 백성이 보고 엎드려 말하되 여호와 그는 하나님이시로다 여호와 그는 하나님이시로다 하니 (왕상 18:20~39)

북이스라엘의 아합 왕이 이스라엘 북쪽에 있는 시돈의 공주 이세벨과 결혼합니다. 이세벨로 인해 바알신앙이 득세하게 되자 선지자들이 그것을 지적합니다. 그 선지자 중의 한 명이 엘리야입니다. 엘리야는 아합 왕에게 진짜 신이 누구인지 증명하기 위해 바알 선지자와의 대결을 신청합니다. 그래서 바알 선지자 450명과 아세라 선지자 400명,

총 850명과 갈멜산에서 대결하게 됩니다. 대회 이름은 ‘진짜 신 증명하기’이고, 대결 종목은 ‘제물 태우기’입니다.

제사는 제단에 나무를 올리고 나무 위에 제물을 올립니다. 그리고 나무에 불을 붙여 고기를 태웁니다. 고기가 타면서 연기가 하늘로 올라가면 신은 그 향을 받습니다. 이것이 제사의 일반적인 형태입니다.

그런데 오늘 대결은 사람이 나무에 불을 붙이는 것이 아니라 신이 붙이는 것입니다. 사람은 불 없이는 제물을 태우지 못합니다. 진짜 신이 누구인지 증명하기 위해 이 종목이 선택된 이유입니다.

바알 선지자와 아세라 선지자가 먼저 시작합니다. 송아지를 잡고 아침부터 낮까지 바알 신에게 불을 붙여달라고 하지만 응답이 없습니다. 정오가 되어도 응답이 없자 엘리야가 바알 신이 잠들었는지, 외출했는지, 묵상하고 있는지 모르니 더 큰소리로 외치라고 비꼽니다. 그래서 바알 선지자들은 자신의 규례대로 칼로 자신의 몸에 상처를 내며 열의를 보이지만 바알의 응답 없이 저녁이 되어 끝나고 맙니다.

이제 엘리야의 차례가 되었습니다. 엘리야는 백성들에

게 가까이 오라고 하며 이스라엘 지파를 상징하는 12개의 돌로 무너진 여호와의 제단을 수축합니다. 그리고 주위에 도랑을 파고 제단에 나무를 얹고 송아지를 잡아 올려놓습니다. 제단과 제물에 통 네 개로 세 번씩 물을 붓습니다. 제단 위의 나무와 제물이 젖고 그 물이 파놓은 도랑에 가득합니다. 그리고 하나님께 기도합니다.

> "아브라함과 이삭과 이스라엘의 하나님 여호와여 주께서 이스라엘 중에서 하나님이신 것과 내가 주의 종인 것과 내가 주의 말씀대로 이 모든 일을 행하는 것을 오늘 알게 하옵소서" (왕상 18:36)
> "여호와여 내게 응답하옵소서 내게 응답하옵소서 이 백성에게 주 여호와는 하나님이신 것과 주는 그들의 마음을 되돌이키심을 알게 하옵소서" (왕상 18:37)

그러자 여호와의 불이 내려와 번제물과 나무와 돌과 흙을 태우고 도랑의 물을 핥아 버립니다. '핥았다'라는 표현은 어렵지 않았다는 상징입니다. 이 광경을 가까이서 확인한 모든 백성이 엎드려 '여호와가 신'이라고 말합니다.

우리는 오늘 본문에서 엘리야의 행동 중 이해가 되지 않

악조건의 의미

는 것을 발견합니다. 어떤 행동일까요? 답은 물을 뿌리는 행동입니다. 물은 잘 타지 않게 하는 기능이 있습니다. 엘리야가 물을 뿌렸다는 것은 나무와 제물이 잘 타지 않도록 했다는 것입니다. 엘리야의 행동은 하나님의 입장에서 보면 악조건입니다. 불을 붙이기 더 어려운 조건으로 만들었기 때문입니다. 바알 선지자들보다 더 어려운 조건이 되었습니다. 바알이 좋은 조건에서 하지 못했는데 야훼 하나님이 악조건에서 불을 붙인다면 어떻게 될까요?

이제 엘리야가 물을 부은 행동이 이해되실 것입니다. 엘리야가 물을 부은 행동은 오히려 하나님이 참 신이라는 것을 명백히 드러냅니다. 엘리야는 이런 상황을 백성들이 확인하도록 가까이 오게 합니다.

> **"엘리야가 모든 백성을 향하여 이르되 내게로 가까이 오라 백성이 다 그에게 가까이 가매"** (왕상 18:30)

오늘 본문에서 우리가 주목해야 할 것이 더 있습니다. 성서는 엘리야의 행동과 바알 선지자의 행동을 대비시킵니다. 바알 선지자는 자신의 몸을 상하게 하는 간절함과 규례를 가지고(28절) 신의 응답을 고대합니다. 간절함과 법을 통해서 예측한 신을 우리는 우상이라고 부릅니다. 우상을 섬긴다는 것은 반드시 인간의 우상화가 진행된다는 뜻입니다. 교회가 간절함을 이용해 하나님의 행동을 예측 가능하도록 하는 것은 방향을 잃었다는 뜻입니다.

우리는 엘리야의 행동을 교회의 방향으로 삼아야 합니다. 엘리야는 제단에 물을 부어 인간이 불을 붙일 수 없는 상황을 만들고 기도할 뿐입니다. 만약 어떤 일을 할 수 있는 능력이 있다면 기도할 것이 아니라 그냥 하면 됩니다. 기도한다는 것은 할 수 없는 일이기 때문입니다. 기도는 자신이 할 수 없는 것을 인정하는 행위입니다.

저는 '기도의 능력'이라는 귀한 영적 언어를 아주 싫어하게 되었습니다. 기도의 능력이 진정한 것이 되려면 인간의 가능성을 제로로 만들어야 합니다. 오롯이 하나님의 주도하심에 기대는 것입니다. 엘리야가 기도한다는 의미는 나무에 물을 부어 악조건을 만드는 것과 같은 것입니다.

하나님을 하나님으로 인정한다는 것은 간절함과 우상화와 절대화의 연결 고리를 잘라내는 것입니다. 오직 하나님만이 절대이기 때문입니다.

성도 여러분! 하나님이 '절대'가 되면 우리의 경험이나

지식과 법은 '상대'가 됩니다. 인간의 것이 상대가 된다는
것이 어떤 의미가 있는지 묵상하시는 성도님들이 되시기
를 소망합니다.

/13/

손에 쟁기를 잡고

누가복음 9:51~62

[51]예수께서 승천하실 기약이 차가매 예루살렘을 향하여 올라가기로 굳게 결심하시고 [52]사자들을 앞서 보내시매 그들이 가서 예수를 위하여 준비하려고 사마리아인의 한 마을에 들어갔더니 [53]예수께서 예루살렘을 향하여 가시기 때문에 그들이 받아들이지 아니 하는지라 [54]제자 야고보와 요한이 이를 보고 이르되 주여 우리가 불을 명하여 하늘로부터 내려 저들을 멸하라 하기를 원하시나이까 [55]예수께서 돌아보시며 꾸짖으시고 [56]함께 다른 마을로 가시니라 [57]길 가실 때에 어떤 사람이 여짜오되 어디로 가시든지 나는 따르리이다 [58]예수께서 이르시되 여우도 굴이 있고 공중의 새도 집이 있으되 인자는 머리 둘 곳이 없도다 하시고 [59]또 다른 사람에게 나를 따르라 하시니 그가 이르되 나로 먼저 가서 내 아버지를 장사하게 허락하옵소서 [60]이르시되 죽은 자들로 자기의 죽은 자들을 장사하게 하고 너는 가서 하나님의 나라

129

를 전파하라 하시고 [61]또 다른 사람이 이르되 주여 내가 주를 따르겠나이다마는 나로 먼저 내 가족을 작별하게 허락하소서 [62]예수께서 이르시되 손에 쟁기를 잡고 뒤를 돌아보는 자는 하나님의 나라에 합당하지 아니하니라 하시니라 (눅 9:51~62)

오늘 읽은 본문에는 죽은 아버지를 장사하고 돌아오겠다는 제자가 나옵니다. 또 예수님을 따르기 위해 가족과 작별인사를 하고 오겠다는 제자가 나옵니다. 예수님께서는 부친상을 당한 제자에게 "죽은 자들로 자기의 죽은 자들을 장사하게 하고 너는 가서 하나님의 나라를 전파하라"(눅 9:60)고 말씀하셨습니다. 가지 말라고 하신 것입니다.

작별인사를 하고 오겠다는 제자에게는 "손에 쟁기를 잡고 뒤를 돌아보는 자는 하나님의 나라에 합당하지 아니하니라"(눅 9:62)고 말씀하셨습니다. 역시 가지 말라는 뜻입니다. 예수님의 말씀이라고 하기에는 아주 차갑습니다.

예수님께서 아버지를 잃은 자식의 마음을 모르고 계시는 것일까요? 아버지의 상을 치르는 일이 세상일이기 때문일까요? 가족과 작별하는 일이 하나님의 일이 아니기 때문일까요? 하나님의 나라를 전하는 일이 상을 치르고 작별인

왜람된 설교

사를 하는 것보다 더 중요하다는 말씀일까요?

오늘 본문은 그런 문제를 우리에게 말하고 있지 않습니다. 예수님께서 왜 제자들에게 그렇게 말씀하셨는지 본문을 통해서 알아보겠습니다.

예수님께서는 누가복음 9장 22절에 고난과 부활을 미리 말씀하십니다. 9장 31절 변화산에서는 예수님께서 예루살렘에서 별세하실 것을 미리 말하고 있습니다. 9장 44절에는 "인자가 장차 사람들의 손에 넘겨지리라"라고 다시 죽음을 미리 말씀하십니다. 그리고 오늘 본문의 51절에 "예수께서 승천하실 기약이 차가매 예루살렘을 향하여 올라가시기로 굳게 결심하시고"라고 기록되어 있습니다. 어떤 뜻일까요?

승천하시려면 먼저 죽으셔야 하기 때문에 예수님께서는 죽기 위해 예루살렘에 올라가시기로 굳게 결심하신 것입니다. 죽기 위해 길을 오르는 예수님은 어떤 마음이었을까요? 예수님의 마음을 설명하는 구절이 있습니다.

"길 가실 때에 어떤 사람이 여짜오되 어디로 가시든지 나는 따르리이다" (눅 9:57)

손에 쟁기를 잡고

예수님의 대답입니다.

예수님의 대답의 의미는 '나의 삶이 불안하다.', '네가 나
의 상황을 알지 못하는구나.'라는 뜻입니다. 질문한 사람
은 예수님께서 어떤 마음으로 예루살렘으로 가는지 알지
못합니다. 예수님의 마음이 느껴지시죠?

굳은 결심을 하신 것은 당신이 당할 고난의 깊이가 그만
큼 크다는 의미입니다. 그리고 예수님께 남은 시간이 많지
않다는 뜻입니다. 제자가 아버지의 상을 치르고 올만큼 시
간이 많이 남아 있지 않습니다. 제자가 가족과 이별 인사
를 할 만큼 상황이 낭만적이지 않습니다. 아버지를 잃은
제자의 고통을 외면하고 가족과의 작별인사를 외면할 만
큼 예수님께 남아 있는 시간이 너무 짧습니다. 그런 비극
적인 상황이 '가지말라'는 예수님의 말씀을 만든 것입니다.

그런 예수님의 마음을 읽을 수 있는 말이 나옵니다. '죽
은 자들로 죽은 자를', '쟁기를 잡고'라는 말씀입니다. 죽은
자는 이미 죽은 자입니다. 쟁기를 놓을 수도 없고 놓아서

도 안 되는 상황입니다. 이미 돌이킬 수 없는 상태라는 뜻입니다.

'부친상에 가느냐! 예수님을 따르냐!' 중에 어느 것이 중요한지 밝히는 것이 아닙니다. 지금은 무조건 예수님을 따라야 하는 상황인 것입니다. 예수님과 함께 할 수 있는 시간이 얼마 남지 않았기 때문입니다.

또 다른 한 가지 이유가 있습니다.

> "제자들을 돌아 보시며 조용히 이르시되 너희가 보는 것을 보는 눈은 복이 있도다" (눅 10:23)
>
> "내가 너희에게 말하노니 많은 선지자와 임금이 너희가 보는 바를 보고자 하였으되 보지 못하였으며 너희가 듣는 바를 듣고자 하였으되 듣지 못하였느니라" (눅 10:24)

다른 세대에서 그렇게 보고 싶었던 때가 지금 제자들 앞에 있습니다. 예수님의 죽음을 본 자들이 복이 있다는 뜻입니다. 어떤 복일까요?

> "주여 우리가 불을 명하여 하늘로부터 내려 저들을 멸하라 하기를 원하시나이까" (눅 9:54)

손에 쟁기를 잡고

사마리아 사람들이 예수님을 거부하자 한 말입니다. 예수님께서는 제자들을 꾸짖으십니다. 예수님께서는 죽음을 생각하고 계시는데, 제자들은 새로운 세상 곧 하나님의 나라에 대한 기대로 가득 차 흥분해 있었습니다. 제자들의 오만한 자세에서 그 기대와 자신감을 읽을 수 있습니다. 새로운 세상이 오면 한 자리 차지하리라는 오만입니다. 그들이 생각하는 하나님의 나라는 불을 내려 화끈하게 힘을 보여주는 것이었습니다. 그런 자신감은 역사에 대한 이해의 부족에서 나옵니다. 역사에서 새로운 세상을 만들겠다는 사람들에 의해 오히려 많은 죽음과 부패가 있었습니다.

그러나 예수님의, 하나님의 나라는 제자들이 생각하는 하나님 나라와 같지 않았습니다. 제자들은 예수님의 죽음을 통해서 진정한 예수님의, 하나님의 나라를 깨닫게 됩니다. 그것이 복입니다. 그 변화가 복입니다. 이것이 제자들에게 가지 말라고 하신 이유입니다. 예수님의 죽음과 부활을 경험하는 것이 제자들에게 중요했기 때문입니다. 이제 이해가 되시죠?

예수님만이 손에 쟁기를 잡고 계셨습니다. 죽음에서 돌이킬 수 없는 예수님의 상황과 너무나도 딱 맞는 표현입니다. 쟁기를 손에 잡았다는 것은 때를 안다는 것입니다. 때를 안다는 것은 할 일을 안다는 것과 같습니다. 제자들은 손에 쟁기를 잡았는지 몰랐습니다. 때를 알지 못한 것입니다. 때를 알지 못하는 것은 무엇을 해야 할지 모른다는 것입니다. 때를 읽는 능력은 미래를 예측한다는 의미가 아니라 자신이 무엇을 해야 하는지를 아는 것입니다. 그때를 기다리는 사람은 손에 쟁기가 느껴지실 것입니다.

성도 여러분! 손에 쟁기가 있다는 것이 느껴지시나요? 하나님의 때가 느껴지시나요? 자신에게 주어진 할 일이 보이시나요? 만약 손에 쟁기가 있다는 것이 느껴지지 않는다면 우리는 하나님 나라에 합당하지 않게 됩니다. 또한, 우리는 이미 죽은 자들입니다. 우리는 예수님의 제자들처럼 오만함으로 삶을 살게 될 것입니다. 내 손에 무엇이 만져지는지 확인하시는 성도님들이 되시기를 바랍니다.

손에 쟁기를 잡고

14

고난과 우연

열왕기하 5:1~19

[1]아람 왕의 군대 장관 나아만은 그의 주인 앞에서 크고 존귀한 자니 이는 여호와께서 전에 그에게 아람을 구원하게 하셨음이라 그는 큰 용사이나 나병환자더라 [2]전에 아람 사람이 떼를 지어 나가서 이스라엘 땅에서 어린 소녀 하나를 사로잡으매 그가 나아만의 아내에게 수종들더니 [3]그의 여주인에게 이르되 우리 주인이 사마리아에 계신 선지자 앞에 계셨으면 좋겠나이다 그가 그 나병을 고치리이다 하는지라 [4]나아만이 들어가서 그의 주인께 아뢰어 이르되 이스라엘 땅에서 온 소녀의 말이 이러이러하더이다 하니 [5]아람 왕이 이르되 갈지어다 이제 내가 이스라엘 왕에게 글을 보내리라 하더라 나아만이 곧 떠날새 은 십 달란트와 금 육천 개와 의복 열 벌을 가지고 가서 [6]이스라엘 왕에게 그 글을 전하니 일렀으되 내가 내 신하 나아만을 당신에게 보내오니 이 글이 당신에게 이르거든 당신은 그의 나병을 고쳐 주소

서 하였더라 [7]이스라엘 왕이 그 글을 읽고 자기 옷을 찢으며 이르되 내가 사람을 죽이고 살리는 하나님이냐 그가 어찌하여 사람을 내게로 보내 그의 나병을 고치라 하느냐 너희는 깊이 생각하고 저 왕이 틈을 타서 나와 더불어 시비하려 함인줄 알라 하니라 [8]하나님의 사람 엘리사가 이스라엘 왕이 자기의 옷을 찢었다 함을 듣고 왕에게 보내 이르되 왕이 어찌하여 옷을 찢었나이까 그 사람을 내게로 오게 하소서 그가 이스라엘 중에 선지자가 있는 줄을 알리이다 하니라 [9]나아만이 이에 말들과 병거들을 거느리고 이르러 엘리사의 집 문에 서니 [10]엘리사가 사자를 그에게 보내 이르되 너는 가서 요단 강에 몸을 일곱 번 씻으라 네 살이 회복되어 깨끗하리라 하는지라 [11]나아만이 노하여 물러가며 이르되 내 생각에는 그가 내게로 나와 서서 그의 하나님 여호와의 이름을 부르고 그의 손을 그 부위 위에 흔들어 나병을 고칠까 하였도다 [12]다메섹 강 아바나와 바르발은 이스라엘 모든 강물보다 낮지 아니하냐 내가 거기서 몸을 씻으면 깨끗하게 되지 아니하랴 하고 몸을 돌려 분노하여 떠나니 [13]그의 종들이 나아와서 말하여 이르되 내 아버지여 선지자가 당신에게 큰 일을 행하라 말하였더면 행하지 아니하였으리이까 하물며 당신에게 이르기를 씻어 깨끗하게 하라 함이리이까 하니 [14]나아만이 이에 내려가서 하나님의 사람의 말대로 요단 강에 일곱 번 몸을 잠그니 그의 살이 어린 아이의 살 같이 회복되어 깨끗하게 되었더라 [15]나아만이

고난과 우연

모든 군대와 함께 하나님의 사람에게로 도로 와서 그의 앞에 서서 이르되 내가 이제 이스라엘 외에는 온 천하에 신이 없는 줄을 아나이다 청하건대 당신의 종에게서 예물을 받으소서 하니 [16]이르되 내가 섬기는 여호와께서 살아 계심을 두고 맹세하노니 내가 그 앞에서 받지 아니하리라 하였더라 나아만이 받으라고 강권하되 그가 거절하니라 [17]나아만이 이르되 그러면 청하건대 노새 두 마리에 실을 흙을 당신의 종에게 주소서 이제부터는 종이 번제물과 다른 희생제사를 여호와 외 다른 신에게는 드리지 아니하고 다만 여호와께 드리겠나이다 [18]오직 한 가지 일이 있사오니 여호와께서 당신의 종을 용서하시기를 원하나이다 곧 내 주인께서 림몬의 신당에 들어가 거기서 경배하며 그가 내 손을 의지하시매 내가 림몬의 신당에서 몸을 굽히오니 내가 림몬의 신당에서 몸을 굽힐 때에 여호와께서 이 일에 대하여 당신의 종을 용서하시기를 원하나이다 하니 [19]엘리사가 이르되 너는 평안히 가라 하니라 그가 엘리사를 떠나 조금 가니라 (왕하 5:1~19)

　　나아만은 이스라엘 북쪽에 있는 나라, 아람의 군대 장관이며 전쟁의 영웅입니다. 하나님께서 그를 이기게 하셨다고 성서는 기록합니다. 그러나 나아만 장군은 나병(한

센병)에 걸려 있었습니다. 왕이 총애하는 장관이었으니 그 나라에서 할 수 있는 것은 다 해보았을 것입니다. 그러나 치료가 되지 않았습니다. 그에게 패배는 익숙하지 않은 것입니다. 그러나 패배를 인정할 수밖에 없게 되었습니다.

그때 그에게 소리가 들립니다. 이스라엘에 엘리사라는 선지자가 있는데 장군의 나병을 고칠 수 있다는 여종의 소리였습니다. 인간은 자기가 듣고 싶은 것만 듣습니다. 자기에게 필요하지 않은 것은 듣는 둥 마는 둥 합니다. 나아만이 여종의 이야기에 귀 기울였다는 것은 그만큼 간절했다는 것을 의미합니다. 그것만이 지금 현재 해볼 수 있는 유일한 것이라는 뜻입니다. 나아만은 자신의 고통과 실패를 통해서 종의 소리를 듣게 됩니다. 이 부분이 중요합니다. 건강할 때는 그 소리가 들리지 않았을 것입니다. 그런데 종의 소리가 들립니다. 사람의 소리로 들립니다.

고난은 높은 자와 낮은 자를 평등하게 만드는 힘이 있습니다. 힘으로 남의 가정의 행복을 빼앗은 나아만, 남의 고통에는 관심이 없던 나아만에게 다른 사람의 고통을 알 수 있는 길이 열리게 된 것입니다. 고난은 사람에게 깨달음을 주는 도구가 됩니다.

그러나 세상에 깨달음을 주는 고난만 있는 것이 아닙니

고난과 우연

다. 본문에 어린 소녀가 나오는데 그 소녀는 이스라엘에서 잡혀 왔습니다. 이유도 모르고 포로로 잡혀가 무작정 감당해야 하는 고난도 있습니다. 나라가 약하다 보니 나라가 보호하지 못한 아이입니다. 전쟁은 그녀에게 자유를 빼앗아 종의 신세로 만들었습니다. 참혹하고 억울합니다. 억울하게 느껴지는 것만큼 고통스러운 것은 없습니다.

오늘 본문에도 그런 예가 나옵니다. 열왕기하 5장 6절에서 아람 왕은 이스라엘 왕에게 나아만의 한센병을 고쳐달라는 편지를 보냅니다. 편지를 읽은 이스라엘 왕은 옷을 찢습니다. 못 고치는 병, 한센병을 고치라고 하니 환장할 노릇입니다. 사람은 보통 자신이 잘못해서 받는 고난은 감당해야 한다고 생각합니다. 그러나 원인을 알 수 없는 고난은 감당하기 고통스럽습니다.

성서는 이런 고난을 통해서 무엇을 말하고 싶은 것일까요? 이제 성서의 관심이 무엇인지를 알아야 할 때입니다.

"그 사람을 내게로 오게 하소서 그가 이스라엘 중에 선지자가 있는 줄을 알리이다 하니라" (왕하 5:8)

선지자가 있음을 아는 것은 하나님을 알게 되는 것을 말

왜람된 설교

합니다. 성서의 기자는 나아만을 통해서 하나님을 알게 하는 데 관심이 있습니다.

"그의 앞에 서서 이르되 내가 이제 이스라엘 외에는 온 천하에 신이 없는 줄을 아나이다" (왕하 5:15)
"이제부터는 종이 번제물과 다른 희생제사를 여호와 외 다른 신에게는 드리지 아니하고 다만 여호와께 드리 겠나이다" (왕하 5:17)

성서의 관심은 병의 나음이 아니라 병 나음을 통해서 하나님을 아는 것을 목표로 하는 것입니다. 하나님을 아는 것, 하나님을 인식하는 것이 성서기자의 관심입니다.

하나님을 인식하게 되는 과정에서 나아만과 소녀의 고통이 있었습니다. 인간은 고난을 통해서 하나님을 인식하게 됩니다. 하나님, 곧 미지의 세계로 나아가는 것입니다.

또 한 가지가 더 있습니다. 본문 1절에서 나아만을 소개하고 갑자기 2절에서 소녀를 소개합니다.

"전에 아람 사람이 떼를 지어 나가서 이스라엘 땅에서 어린 소녀 하나를 사로잡으매 그가 나아만의 아내에게 수종들더니" (왕하 5:2)

2절은 어떤 의미가 있을까요? 2절에는 우연하게 잡아온 소녀라는 뜻이 있습니다. 우연히 잡아 온 이 소녀가 엘리사를 소개하는 역할을 할 것이라고는 아무도 몰랐습니다. 거기에 역사의 신비 곧 하나님의 신비가 있다는 것을 성서가 말하는 것입니다. 자신도 모르는 사이에 하나님의 구원 사역에 동참하고 있다는 사실입니다.

열왕기하 6장에 나오는 성문 어귀의 문둥병자 네 명과 같습니다. 아람이 이스라엘의 수도 사마리아 성을 포위하여 곡식이 떨어지자 서로의 자식까지 잡아먹습니다. 그때 성문에 있던 네 명의 문둥병자들이 여기서 죽으나 적에게 죽으나 마찬가지니 적에게 가서 항복하자고 말하며 아람 군대에게 갑니다. 그런데 그 발걸음을 하나님께서 큰 군대의 발걸음으로 들리게 하셔서 아람 군대가 도망을 가게 됩니다.

이렇게 자신도 모르게 하나님의 구원에 참여하게 되는 것이 인간입니다. 이것이 인생입니다. 억울하게 잡혀가 고통으로 사는 것이라고만 생각했는데 그것이 아니었습니다. 소녀를 잡아 온 것도 잡혀간 것도 우연입니다. 그런데 우연을 통해서 하나님은 역사를 이끌어가고 계셨습니다. 계획되거나 정상적인 것이 역사를 이끌어가는 것이 아니라 비정상적인 것이 우리에게 필요하고 소중한 것이라는 인식입니다.

> "나아만이 노하여 물러가며 이르되 내 생각에는 그가 내게로 나와 서서 그의 하나님 여호와의 이름을 부르고 그의 손을 그 부위 위에 흔들어 나병을 고칠까 하였도다" (왕하 5:11)

정상적인 절차에 의해 진행되었다면 나아만은 15절을 고백하지 못했을 것입니다.

> "나아만이 이르되 내가 이제 이스라엘 외에는 온 천하에 신이 없는 줄 아나이다" (왕하 5:15)

인생을 예측할 수 있는 사람은 없습니다. 희미하게 그렇게 될 것이라고 생각하는 사람은 가끔 있습니다. 인생은 예측할 수 없는 행복이 있고 고난이 있습니다. 인생은 그것의 연속입니다. 그것을 벗어날 수 없습니다.

우리는 인생이 하나님께 속했다는 표현을 많이 합니다. 하나님께서 우리 인생을 특별하게 보살펴준다는 뜻이 아닙니다. 인간은 오는 삶을 살 수밖에 없다는 뜻입니다. 이

고난과 우연

것은 운명이 정해져 있다는 뜻이 아니라 미래를 알 수 없다는 뜻입니다.

그러나 성서 기자들은 우리의 삶에서 깨달음과 하나님의 신비를 발견할 수 있다고 말합니다. 발견한 사람들은 주어진 삶을 살아갈 수 있지만 발견하지 못한 사람은 늘 불평하며 살게 됩니다. 삶의 의미를 안다는 것은 하나님의 신비를 경험한다는 뜻입니다. 희로애락의 인생에서 신비를 깨닫는 것은 기독교인들에게 의무입니다.

성도 여러분, 오늘은 고난에 관한 시인의 글을 읽으면서 말씀을 마치려고 합니다.

왜람된 설교

하나님을 믿는 사람들이

얼마나 비겁한지 아세요?

고통이 덮치면 난리를 치지요.

기도라는 무기를 가지고.

낮게 해 달라고, 환란이 빨리 지나가게 해 달라고

가난에서 속히 벗어나게 해 달라고

잘 되게 손 좀 써 달라고

아마 억 만 가지겠지요.

제가 알게 된 고통은 하나님의 의지이시고

하나님의 계획된 시간까지 가야하는 것입니다.

혹독하고 매정한 고독의 의미를 알게 될 때까지.

알고 나서도 아무런 보상이 없다 할지라도.

그를 버리고 싶어서, 지우고 싶어서

어둠 속에 몸을 던져 버리는

시간에도 불구하고.

그러나 하나님의 생각을 더 귀히 여기고 싶어

그 싸늘한 품으로 다시 기어 들어갑니다.

제가 깨닫게 된 사실은

기도는 탄원서에서 침묵으로 가야 한다는 것이었습니다.

수년을 그를 건져내고 싶어 스스로 바다가 되었는데

그동안 하나님은 저를 만들고 계셨습니다.

_ 김 신 숙

15

종의 의미

마태복음 24:36~44

36그러나 그 날과 그 때는 아무도 모르나니 하늘의 천사들도, 아들도 모르고 오직 아버지만 아시느니라 37노아의 때와 같이 인자의 임함도 그러하리라 38홍수 전에 노아가 방주에 들어가던 날까지 사람들이 먹고 마시고 장가 들고 시집 가고 있으면서 39홍수가 나서 그들을 다 멸하기까지 깨닫지 못하였으니 인자의 임함도 이와 같으리라 40그 때에 두 사람이 밭에 있으매 한 사람은 데려가고 한 사람은 버려둠을 당할 것이요 41두 여자가 맷돌질을 하고 있으매 한 사람은 데려가고 한 사람은 버려둠을 당할 것이니라 42그러므로 깨어 있으라 어느 날에 너희 주가 임할는지 너희가 알지 못함이니라 43너희도 아는 바니 만일 집 주인이 도둑이 어느 시각에 올 줄을 알았더라면 깨어 있어 그 집을 뚫지 못하게 하였으리라 44이러므로 너희도 준비하고 있으라 생각하지 않은 때에 인자가 오리라 (마 24:36~44)

마태복음 24장 40~41절에는 같은 조건을 가진 두 사람이 나옵니다. 밭에 있는 두 사람과 맷돌을 가는 두 여자입니다. 같은 조건인데 결과는 달랐습니다. 결과가 다른 원인은 '깨어 있느냐'입니다.

깨어 있다는 것을 생각하면 기도, 예배, 교회생활, 금식 등을 떠올리기가 쉽습니다. 우리가 너무 세뇌당하듯이 설교를 들어서 그렇습니다.

그럼 우리는 왜 깨어 있어야 할까요?

"그러므로 깨어 있으라 어느 날에 너희 주가 임할는지 너희가 알지 못함이니라" (마 24:42)

인간이 미래를 알 수 없기 때문입니다. 인간에게 그런 능력이 주어지지 않았기 때문입니다. 우리가 반드시 알아야 할 것은 미래를 알지 못한다는 것입니다. 이것을 비유로 설명해 주십니다. 이제 비유를 통해서 깨어 있는 것이 무엇인지 알아보도록 하겠습니다.

"충성되고 지혜 있는 종이 되어 주인에게 그 집 사람들을 맡아 때를 따라 양식을 나눠 줄 자가 누구냐" (마 24:45)

종의 의미

여기에서 중요한 단어가 무엇일까요? '종'입니다. 마태복음 24장 48절에 악한 종이 나옵니다. "만일 그 악한 종이 마음에 생각하기를 주인이 더디 오리라 하여 동료들을 때리며 술친구들과 더불어 먹고 마시게 되면"(마 24:48~49) 악한 종은 같은 종의 신분인 동료들을 때리고 하대하였습니다.

또 자신에 맡겨진 것을 자신을 위해 사용합니다. "술친구들과 더불어 먹고 마시게 되면" 종에게 맡겨진 양식은 술을 만들 것이 아닙니다. "주인의 사람들에게 때를 따라 나눠 줄 양식"(마 24:45)입니다. 결국, 이런 악한 종은 외식하는 사람처럼 처벌을 받게 될 것입니다. 다른 번역은 '위선자처럼 여길 것이다'입니다.

예수님의 비유는 자기 일을 열심히 하자는 뜻이 아닙니다. 그렇다면 충성되고 지혜 있는 종과 악한 종의 차이가 무엇일까요? 예수님께서 종의 비유를 말씀하신 이유입니다.

종은 주인의 뜻을 알 필요가 없는 존재입니다. 시키는 일을 바로 파악하고 그 뜻을 실행하는 것을 운명으로 살아가는 사람입니다. 그러나 악한 종은 주인의 행동을 예상했습니다. 주인을 아는 것처럼 사는 것이 악한 종이 되는 것입니다. '주인이 언제쯤 올 것이다'라는 예상은 종의 행동을 달라지게 만듭니다. 충성되고 지혜 있는 종에게 시간은 의미가 없습니다. 주인이 언제 올지 상관하지 않습니다. 종은 시간이 아니라 의무 곧 해야 할 일에만 집중하는 사람입니다.

예수님께서 왜 이런 말씀을 하셨을까요? 사람들이 시간에 집중하고 있었기 때문입니다. 새로운 세상이 언제 오는지에 대해서 관심을 두고 있었기 때문입니다. 새로운 세상은 하나님의 영역입니다. 우리가 알 수 없는 세계입니다. 그 일은 하나님이 알아서 하실 것입니다. 우리는 인간다운 일을 하면 됩니다.

시간은 인간이 알 수 없는 영역입니다. 우리는 시간이 아니라 우리에게 맡겨진 일을 파악해야 합니다. 성령을 받는다는 것은 깨어 있는 능력인데, 미래를 아는 능력이 아니라 무엇을 해야 할지를 알게 된다는 의미입니다.

깨어 있음은 결국 인간다움에 대한 성찰입니다.

"깨어 있으라 … 너희가 알지 못하기 때문이다." (마 24:42)

완전하지 않다는 인식이 그것이고, 거룩하지 않다는 인식이며, 영원할 수 없다는 인식입니다.

성도 여러분! 인간다움에 대한 성찰이 없을 때 우리는
하나님처럼 살려고 합니다. 인간다움에 대한 성찰은 부족
하다는 공허함을 인정하는 것입니다. 그 공허함을 예수님
으로 채우시는 성도님들의 삶이 되시기를 소망합니다. 주
여! 우리를 도와주소서.

16

영원을 사모하는 마음

전도서 3:1~13

[1]범사에 기한이 있고 천하 만사가 다 때가 있나니 [2]날 때가 있고 죽을 때가 있으며 심을 때가 있고 심은 것을 뽑을 때가 있으며 [3]죽일 때가 있고 치료할 때가 있으며 헐 때가 있고 세울 때가 있으며 [4]울 때가 있고 웃을 때가 있으며 슬퍼할 때가 있고 춤출 때가 있으며 [5]돌을 던져 버릴 때가 있고 돌을 거둘 때가 있으며 안을 때가 있고 안는 일을 멀리 할 때가 있으며 [6]찾을 때가 있고 잃을 때가 있으며 지킬 때가 있고 버릴 때가 있으며 [7]찢을 때가 있고 꿰맬 때가 있으며 잠잠할 때가 있고 말할 때가 있으며 [8]사랑할 때가 있고 미워할 때가 있으며 전쟁할 때가 있고 평화할 때가 있느니라 [9]일하는 자가 그의 수고로 말미암아 무슨 이익이 있으랴 [10]하나님이 인생들에게 노고를 주사 애쓰게 하신 것을 내가 보았노라 [11]하나님이 모든 것을 지으시되 때를 따라 아름답게 하셨고 또 사람들에게는 영원을 사모하는 마음을 주셨느니라 그

러나 하나님이 하시는 일의 시종을 사람으로 측량할 수 없게 하셨도다 12사람들이 사는 동안에 기뻐하며 선을 행하는 것보다 더 나은 것이 없는 줄을 내가 알았고 13사람마다 먹고 마시는 것과 수고함으로 낙을 누리는 그것이 하나님의 선물인 줄도 또한 알았도다 (전 3:1~13)

전도서 3장 1절에 "범사에 기한이 있고"라는 말씀이 나오고, 2~8절까지는 때에 대해 나옵니다. 여기에서 '때'의 뜻은 모든 일에는 끝이 있다는 뜻입니다. 우리가 하는 모든 일은 계속할 수 없다는 뜻입니다. 이것이 오늘 본문을 해석하는 중요한 단서입니다. 이것을 기억하시고 11절을 읽어보겠습니다.

"하나님이 모든 것을 지으시되 때를 따라 아름답게 하셨고 또 사람들에게는 영원을 사모하는 마음을 주셨느니라" (전 3:11)

전반부를 먼저 살펴봅니다. "하나님이 모든 것을 때를 따라 아름답게 지으셨습니다." 풀이하면 '하나님께서 만드신 모든 일에는 끝이 있지만 그것 자체로 아름답다'라는 뜻입

왜람된 설교

니다.

후반부입니다. "인간에게 영원을 사모하는 마음을 주셨습니다." 무슨 뜻일까요? 계속할 수 없다는 것을 기억하시면 해석이 가능합니다. 인간은 계속할 수 없는 모든 것을 영원하게 하고 싶은 마음이 있다는 것입니다. 영원을 사모하는 마음이 부정적으로 사용되었습니다. 인간이 가지고 있는 '영원을 사모하는 마음'이 문제가 있다는 뜻입니다. 그렇다면 사람은 어떤 것을 영원하게 하고 싶은 것일까요?

> "일하는 자가 그의 수고로 말미암아 무슨 이익이 있으랴 하나님이 인생들에게 노고를 주사 애쓰게 하신 것을 내가 보았노라" (전 3:9~10)

자기가 수고한 것입니다. 전도자가 사람들을 보니 헛고생하면서 사는 사람들이 많았습니다. 때가 있다고 생각하지 않고 수고합니다. 어떤 이는 돈을 모읍니다. 어떤 이는 유명해지기 위해 애씁니다. 어떤 이는 자식을 위해 삽니다. 수고하면 대가가 올 것이라고 생각하며 살아갑니다. 전도자가 보니 그들이 수고하여 준비한 것이 결국은 끝이 있었습니다. "사람이 애쓴다고 해서 이런 일에 무엇을 더 보탤 수 있겠는가? 이제 보니, 이 모든 것은, 하나님이 사람에게

영원을 사모하는 마음

수고하라고 지우신 짐이다"(전 3:9~10, 새번역)

모든 일은 때가 있기 때문에 끝이 있습니다. 그러니 일에 무엇을 보탤 수가 없는 것입니다. 그러면 영원을 사모하는 마음은 왜 위험할까요?

> "하나님이 하시는 일의 시종을 사람으로 측량할 수 없게 하셨도다"(전 3:11)

인간이 하나님께서 하시는 일의 시종을 알고 싶어 한다는 뜻입니다. 하나님의 뜻을 알려는 것입니다. 하나님처럼 되려는 인간의 의지입니다. 아담과 하와가 하나님처럼 되고 싶었다는 것은 농담이 아닙니다. 인간은 돈을 더 버는 것으로 멈추지 않습니다. 명예를 원하는 것에 그치지 않습니다. 자식이 잘되는 것으로 그치지 않습니다. 하나님의 자리를 노리고 있기 때문입니다.

때를 알지 못하게 하신 이유는 14절 하반부에 나옵니다.

> "하나님이 이같이 행하심은 사람들이 그의 앞에서 경외하게 하려 하심인 줄 내가 알았도다"(전 3:14)

하나님과 인간의 차이는 때입니다. 하나님은 때를 아시

지만 인간은 때를 알지 못합니다. 이것은 하나님과 인간의 차이를 인정하고 굴복하라는 뜻입니다. 그럼 때를 알지 못하는 인간은 무엇을 해야 할까요? 전도자의 말을 들어봅니다.

죽고 나면 돌아올 수 없으니 지금의 일을 즐기라는 뜻입니다. '자기의 일을 즐기라'는 것은 삶을 몫으로 살아가라는 말입니다. 몫은 주어졌다는 뜻입니다.

TV에서 암에 걸린 젊은 엄마들의 이야기를 본 적 있습니다. 그 엄마 중에 한 분이 '소고기 먹을 것을 돼지고기를 먹으면서 내일을 위해 저축했다'라고 합니다. 그런데 암에 걸리고 나서 생각이 달라졌습니다. 죽으면 내일이 의미 없기 때문에 현재를 즐기게 되었다고 합니다. 그래서 먹고 즐기게 되었습니다. 먹는 즐거움을 알게 되었습니다. 저축하지 말고 놀러 다니며 막 쓰고 살자는 것이 아닙니다. 시

영원을 사모하는 마음

간, 가족, 이웃, 친구, 공간, 공기, 햇빛, 바람, 비, 지금 나와 만나는 것이 소중해진 것입니다.

그래서 전도자는 기쁘게 사는 것, 살면서 선을 행하는 것, 먹는 것, 마시는 것, 일에 만족을 누릴 수 있는 것 그것이 하나님의 은총이라고 말합니다. 일상이 너무나도 소중해진 것입니다. 자는 즐거움, 만나는 즐거움, 일하는 즐거움, 걷는 즐거움을 알게 된 것입니다.

성도 여러분! 영원을 사모하는 마음을 버리면 일상이 은혜와 즐거움으로 다가옵니다. 이것은 하나님을 경외하는 삶이 주는 기쁨입니다. 그 기쁨으로 충만케 되는 성도님들의 삶이 되시기를 바랍니다.

17

네가 인자를 믿느냐?

요한복음 9:1~41

^{1}예수께서 길을 가실 때에 날 때부터 맹인 된 사람을 보신지라 ^{2}제자들이 물어 이르되 랍비여 이 사람이 맹인으로 난 것이 누구의 죄로 인함이니이까 자기니이까 그의 부모니이까 ^{3}예수께서 대답하시되 이 사람이나 그 부모의 죄로 인한 것이 아니라 그에게서 하나님이 하시는 일을 나타내고자 하심이라 ^{4}때가 아직 낮이매 나를 보내신 이의 일을 우리가 하여야 하리라 밤이 오리니 그 때는 아무도 일할 수 없느니라 ^{5}내가 세상에 있는 동안에는 세상의 빛이로라 ^{6}이 말씀을 하시고 땅에 침을 뱉어 진흙을 이겨 그의 눈에 바르시고 ^{7}이르시되 실로암 못에 가서 씻으라 하시니 (실로암은 번역하면 보냄을 받았다는 뜻이라) 이에 가서 씻고 밝은 눈으로 왔더라 ^{8}이웃 사람들과 전에 그가 걸인인 것을 보았던 사람들이 이르되 이는 앉아서 구걸하던 자가 아니냐 ^{9}어떤 사람은 그 사람이라 하며 어떤 사람은 아니라 그와 비슷하다 하거

늘 자기 말은 내가 그라 하니 ¹⁰그들이 묻되 그러면 네 눈이 어떻게 떠졌느냐 ¹¹대답하되 예수라 하는 그 사람이 진흙을 이겨 내 눈에 바르고 나더러 실로암에 가서 씻으라 하기에 가서 씻었더니 보게 되었노라 ¹²그들이 이르되 그가 어디 있느냐 이르되 알지 못하노라 하니라 ¹³그들이 전에 맹인이었던 사람을 데리고 바리새인들에게 갔더라 ¹⁴예수께서 진흙을 이겨 눈을 뜨게 하신 날은 안식일이라 ¹⁵그러므로 바리새인들도 그가 어떻게 보게 되었는지를 물으니 이르되 그 사람이 진흙을 내 눈에 바르매 내가 씻고 보나이다 하니 ¹⁶바리새인 중에 어떤 사람은 말하되 이 사람이 안식일을 지키지 아니하니 하나님께로부터 온 자가 아니라 하며 어떤 사람은 말하되 죄인으로서 어떻게 이러한 표적을 행하겠느냐 하여 그들 중에 분쟁이 있었더니 ¹⁷이에 맹인되었던 자에게 다시 묻되 그 사람이 네 눈을 뜨게 하였으니 너는 그를 어떠한 사람이라 하느냐 대답하되 선지자니이다 하니 ¹⁸유대인들이 그가 맹인으로 있다가 보게 된 것을 믿지 아니하고 그 부모를 불러 묻되 ¹⁹이는 너희 말에 맹인으로 났다 하는 너희 아들이냐 그러면 지금은 어떻게 해서 보느냐 ²⁰그 부모가 대답하여 이르되 이 사람이 우리 아들인 것과 맹인으로 난 것을 아나이다 ²¹그러나 지금 어떻게 해서 보는지 또는 누가 그 눈을 뜨게 하였는지 우리는 알지 못하나이다 그에게 물어 보소서 그가 장성하였으니 자기 일을 말하리이다 ²²그 부모가 이렇게 말한 것은 이미 유대인들

왜람된 설교

이 누구든지 예수를 그리스도로 시인하는 자는 출교하기로 결의하였으므로 그들을 무서워함이러라 ²³이러므로 그 부모가 말하기를 그가 장성하였으니 그에게 물어 보소서 하였더라 ²⁴이에 그들이 맹인이었던 사람을 두 번째 불러 이르되 너는 하나님께 영광을 돌리라 우리는 이 사람이 죄인인 줄 아노라 ²⁵대답하되 그가 죄인인지 내가 알지 못하나 한 가지 아는 것은 내가 맹인으로 있다가 지금 보는 그것이니이다 ²⁶그들이 이르되 그 사람이 네게 무엇을 하였느냐 어떻게 네 눈을 뜨게 하였느냐 ²⁷대답하되 내가 이미 일렀어도 듣지 아니하고 어찌하여 다시 듣고자 하나이까 당신들도 그의 제자가 되려 하나이까 ²⁸그들이 욕하여 이르되 너는 그의 제자이나 우리는 모세의 제자라 ²⁹하나님이 모세에게는 말씀하신 줄을 우리가 알거니와 이 사람은 어디서 왔는지 알지 못하노라 ³⁰그 사람이 대답하여 이르되 이상하다 이 사람이 내 눈을 뜨게 하였으되 당신들은 그가 어디서 왔는지 알지 못하는도다 ³¹하나님이 죄인의 말을 듣지 아니하시고 경건하여 그의 뜻대로 행하는 자의 말은 들으시는 줄을 우리가 아나이다 ³²창세 이후로 맹인으로 난 자의 눈을 뜨게 하였다 함을 듣지 못하였으니 ³³이 사람이 하나님께로부터 오지 아니하였으면 아무 일도 할 수 없으리이다 ³⁴그들이 대답하여 이르되 네가 온전히 죄 가운데서 나서 우리를 가르치느냐 하고 이에 쫓아내어 보내니라 ³⁵예수께서 그들이 그 사람을 쫓아냈다 하는 말을 들으셨더니 그를 만나

네가 인자를 믿느냐?

사 이르시되 네가 인자를 믿느냐 ³⁶대답하여 이르되 주여 그가 누구시오니이까 내가 믿고자 하나이다 ³⁷예수께서 이르시되 네가 그를 보았거니와 지금 너와 말하는 자가 그이니라 ³⁸이르되 주여 내가 믿나이다 하고 절하는지라 ³⁹예수께서 이르시되 내가 심판하러 이 세상에 왔으니 보지 못하는 자들은 보게 하고 보는 자들은 맹인이 되게 하려 함이라 하시니 ⁴⁰바리새인 중에 예수와 함께 있던 자들이 이 말씀을 듣고 이르되 우리도 맹인인가 ⁴¹예수께서 이르시되 너희가 맹인이 되었더라면 죄가 없으려니와 본다고 하니 너희 죄가 그대로 있느니라 (요 9:1~41)

오늘 본문에 나오는 예수님의 제자, 맹인, 바리새인이 한 말에 공통점이 있습니다.

제자들의 말입니다. "이 사람이 맹인으로 난 것이 누구의 죄로 인함이니이까" (요 9:2)

맹인의 말입니다. "하나님이 죄인의 말을 듣지 아니하시고 경건하여 그의 뜻대로 행하는 자의 말을 들으시는 줄을 우리가 아나이다" (요 9:31)

바리새인의 말입니다. "죄인으로서 어떻게 이러한 표적을 행하겠느냐" (요 9:16)

기본적으로는 원인과 결과를 연결하려는 것입니다. 선한 행동을 하면 좋은 일이 생기고 악한 일을 하면 나쁜 일이 생긴다는 생각입니다. 31절 끝에 "우리가 아나이다"라는 말이 나옵니다. 많은 사람들이 알고 있는 상식이라는 뜻입니다.

바리새인들은 예수님이 죄인이라고 생각했습니다. "우리는 이 사람이 죄인인 줄 아노라"(요 9:24) 바리새인들이 보기에 예수님은 죄인인데 경건한 사람만이 할 수 있다는 표적을 행했습니다. 이것은 그동안의 상식을 뒤엎는 사건이었습니다. 예수님으로 인해서 상식이 혼란해진 것입니다. 그래서 바리새인은 이러한 혼란을 바로잡아야 했습니다. 그들은 맹인에게 어떻게 고침을 받았는지 자꾸 반복해서 물어봅니다.

귀찮아진 맹인은 이렇게 답합니다. "그가 죄인인지 내가 알지 못하나 한 가지 아는 것은 내가 맹인으로 있다가 지금 보는 그것이니이다"(요 9:25)

맹인이 고쳐진 것은 확실합니다. 바꿀 수가 없죠. 그렇다면 예수님이 죄인이지 아닌지 확인을 해야 합니다. 어떻게 확인하는지 살펴봅니다.

네가 인자를 믿느냐?

율법을 지키느냐 아니냐에 따라 죄인이 되고 의인이 되기도 합니다. 설교의 포인트는 법이 죄인과 의인을 구분할 수 있는지 확인하는 것입니다. 율법은 지금의 헌법과 같습니다. 법을 지키지 않으면 죄인이 됩니다. 법을 지키면 의로운 사람이 됩니다.

법이 죄인과 의인을 구분할 수 있으려면 법이 완전해야 합니다. 그렇다면 법은 완전할까요? 법은 시대와 상황마다 조금씩 바뀌고 있습니다. 법이 계속 바뀐다는 것은 완전한 기준이 아니라는 뜻입니다.

법의 가장 큰 약점은 보이지 않는 것에 대한 무력함입니다. 증거가 없으면 무용지물입니다. 법은 드러나는 것만 가지고 판단해야 하는 한계를 가지고 있습니다. 보이지 않는 것에는 정확한 판단을 내릴 수가 없습니다.

예수님께서 문제 삼으시는 부분입니다. 완전하지 않은 법을 완전한 것으로 믿고 있었다는 것입니다. 완전하지 않은 법을 맹신하는 것을 비판합니다. 그러한 비판이 예수님과 맹인의 대화 속에 들어있습니다.

예수님께서 맹인에게 질문하십니다.

인자는 사람의 아들이라는 뜻입니다. 인자 사상은 유다가 바벨론에서부터 로마에까지 지배를 받는 과정에서 생겼습니다. 이스라엘 백성들은 완전한 절망에 사로잡혀 있었습니다. 그래서 하나님이 세상을 직접 심판할 '때'가 온다는 것을 기대하게 됩니다. 그것을 실행할 이가 바로 인자입니다. 인자는 단순히 '사람의 아들'이 아니라 마지막 때의 '심판자'라는 뜻입니다. "네가 인자를 믿느냐"라는 예수님의 질문은 '마지막 때의 심판자를 믿느냐'라는 질문입니다.

맹인은 "그가 누구입니까? 내가 믿고자 합니다."라고 질문합니다. 예수님께서는 '내가 바로 인자'라고 답하십니다. 그리고 마지막 때의 심판자가 할 일을 말씀하십니다.

"예수께서 이르시되 내가 심판하러 이 세상에 왔으니 보지 못하는 자들은 보게 하고 보는 자들은 맹인이 되게 하려 함이라" (요 9:39)

"예수께서 이르시되 너희가 맹인이 되었더라면 죄가

여기에서 맹인, 눈이 멀었다는 것은 죄인이라는 뜻입니다. 다시 해석하면 '내가 심판하러 이 세상에 왔으니 죄 있는 자는 의인이 되게 하고 죄 없는 자는 죄인이 되게 하리라'라는 말씀입니다.

"죄인이라고 했으면 죄가 없겠지만, 죄인이 아니라고 하니 너희 죄가 그대로 있다"(요 9:41) 어떤 뜻일까요? 마지막 때의 심판자인 예수님께서 법의 판단이 틀렸다고 말씀하시고 있는 것입니다. 우리 헌법도 대법원의 판단이 제일 중요합니다. 마지막 판단에서 무죄가 나온 것입니다.

우리가 법의 능력에 빠지면 죄만 보입니다. '죄' 만으로 이 세상의 모든 문제를 설명할 수 있는 것이 아닙니다. 우리는 어떤 결과가 나오면 원인을 찾으려고 합니다. 그래서 어떤 규칙을 만들어 냅니다. 규칙은 법이 됩니다.

법의 무용론을 피력하는 것이 아닙니다. 물론 법이 필요합니다. 그러나 법이 완전하지 않다는 것을 아는 것이 또한 중요하다는 뜻입니다. 제자들과 맹인 그리고 바리새인은 죄와 법의 관점에서만 세상을 보니 정확한 판단을 내릴 수 없었습니다.

> "이 사람이나 그 부모의 죄로 인한 것이 아니라 그에게
> 서 하나님이 하시는 일을 나타내고자 하심이라" (요 9:3)

죄와 법에 매이지 않으니 다른 것이 보입니다. 죄와 법에 매이지 않으니 하나님께서 하시는 일이 보입니다.

성도 여러분! 기독교는 죄와 법으로 세상을 설명하는 종교가 아니라 하나님의 구원을 기대하며 살아가는 종교입니다. 은혜와 법의 관계를 말씀에서 찾아보시고 은혜의 깊이로 들어가는 신앙생활이 되시기를 바랍니다.

18

율법교사와 예수

누가복음 10:25~37

²⁵어떤 율법교사가 일어나 예수를 시험하여 이르되 선생님 내가 무엇을 하여야 영생을 얻으리이까 ²⁶예수께서 이르시되 율법에 무엇이라 기록되었으며 네가 어떻게 읽느냐 ²⁷대답하여 이르되 네 마음을 다하며 목숨을 다하며 힘을 다하며 뜻을 다하여 주 너의 하나님을 사랑하고 또한 네 이웃을 네 자신 같이 사랑하라 하였나이다 ²⁸예수께서 이르시되 네 대답이 옳도다 이를 행하라 그러면 살리라 하시니 ²⁹그 사람이 자기를 옳게 보이려고 예수께 여쭈오되 그러면 내 이웃이 누구니이까 ³⁰예수께서 대답하여 이르시되 어떤 사람이 예루살렘에서 여리고로 내려가다가 강도를 만나매 강도들이 그 옷을 벗기고 때려 거의 죽은 것을 버리고 갔더라 ³¹마침 한 제사장이 그 길로 내려가다가 그를 보고 피하여 지나가고 ³²또 이와 같이 한 레위인도 그 곳에 이르러 그를 보고 피하여 지나가되 ³³어떤 사마리아 사람은 여행하는 중 거

기 이르러 그를 보고 불쌍히 여겨 [34]가까이 가서 기름과 포도주를 그 상처에 붓고 싸매고 자기 짐승에 태워 주막으로 데리고 가서 돌보아 주니라 [35]그 이튿날 그가 주막 주인에게 데나리온 둘을 내어 주며 이르되 이 사람을 돌보아 주라 비용이 더 들면 내가 돌아올 때에 갚으리라 하였으니 [36]네 생각에는 이 세 사람 중에 누가 강도 만난 자의 이웃이 되겠느냐 [37]이르되 자비를 베푼 자니이다 예수께서 이르시되 가서 너도 이와 같이 하라 하시니라 (눅 10:25~37)

본문에 나오는 율법교사는 율법을 가르치고 위법의 여부를 판단하는 일을 합니다. 예수님을 시험하러 온 것도 예수님의 위법을 확인하러 온 것이었습니다.

율법교사는 "내가 무엇을 하여야 영생을 얻겠습니까?"라는 질문으로 예수님을 테스트합니다. 예수님께서는 답을 하지 않으시고 율법교사에게 "율법에는 무엇이라 기록되었으며 네가 어떻게 읽느냐?"라고 되물으십니다. 율법교사는 "네 마음을 다하여 주 너희 하나님을 사랑하고 또한 네 이웃을 네 몸과 같이 사랑하라 하였나이다"라고 답합니다. 신명기 6장 5절에 나오는 말씀입니다. 예수님께서는 '네 대답이 옳다'고 하시며 '이를 행하라 그리하면 살리라'라고 말씀하셨습니다. 예수님의 생각과 율법교사의 생각이 같았습니다. 그리고 예수님의 위법도 아직은 드러나지 않았습니다.

율법교사는 다른 질문을 하게 됩니다. '그러면 내 이웃은 누구입니까?' 질문을 다르게 표현하면 '내가 내 몸처럼 사랑할 대상은 누구입니까?'라는 질문입니다.

이 질문 속에는 율법교사의 의도가 들어있습니다. 어떤 의도가 숨어있죠? 자기를 옳게 보이려는 의도입니다. '내 이웃은 누구입니까?' 이 질문이 율법교사를 옳게 보이려면 어떻게 해석되어야 할까요?

율법교사의 질문을 이렇게 해석할 수 있습니다. '나는 이웃을 알고 있습니다.', '또, 알고 있는 이웃을 내 몸처럼 사랑하는 사람입니다.', '그리고 율법에서 제시한 것을 지킨 사람이니 나는 영생을 얻을 수 있는 사람입니다.'라는 의도입니다.

질문을 들은 예수님께서는 사마리아인의 비유를 말씀하셨습니다. 왜 사마리아인의 비유를 말씀하셨을까요? 예수님께서 자신을 옳게 보이려는 율법교사의 의도를 아셨다

왜람된 설교

는 뜻입니다. 그리고 자신을 옳게 보이려는 율법교사의 의
도를 무너뜨리겠다는 뜻입니다.

그렇다면 사마리아인의 비유는 어떤 의도를 담고 있을
까요? 율법교사의 의도를 거꾸로 하면 되지 않을까요? 율
법교사가 옳은 사람이 아니라는 것을 보여주는 이야기일
것입니다.

예수님의 의도대로 사마리아인의 비유를 풀어 보면 이
렇게 될 것입니다. '율법교사야, 너는 너의 이웃을 알지 못
한다.', '알지도 못하는 이웃을 어떻게 사랑할 수 있느냐?',
'그러니 율법을 지켰다는 것도, 그런 네가 영생을 논하는
것도 어리석은 일이다.' 율법교사와 예수님은 전혀 다른
판단을 내리고 있습니다. 예수님과 율법교사의 기준이 달
랐기 때문입니다. 율법교사에게도 이웃이 있었습니다. 그
러나 예수님의 기준에는 부족한 것이었습니다.

예수님께서는 사마리아인의 비유에 제사장과 레위인 그
리고 사마리아인을 등장시킵니다. 제사장과 레위인은 율
법교사가 이웃으로 여기는 사람들이었습니다. 그러나 사
마리아인은 율법교사의 이웃이 아니었습니다. 예수님의
비유에 사마리아인이 등장했다는 것만으로도 율법교사에

는 불쾌한 일이었을 것입니다. 우리는 요한복음에 나오는 수가성 여인의 이야기를 통해 유대인과 사마리아인이 서로 상종하지 않았다는 것을 이미 알고 있습니다. 예수님의 기준과 율법교사의 기준은 무엇이 달랐을까요? 예수님의 비유를 좀 더 들여다보겠습니다.

예수님께서는 강도에게 맞아 거의 죽게 된 사람과 그를 보살핀 사마리아인을 이야기하십니다. 그리고 율법교사의 입을 통해서 예수님의 기준을 드러내십니다. 율법교사가 스스로 말하게 하는 것이죠. "네 생각에는 이 세 사람 중에 누가 강도 만난 자의 이웃이 되겠느냐?" (눅 10:36)

율법교사는 "자비를 베푼 사람"이라고 답합니다. 거의 죽을 상황에 처한 사람을 어떻게 할 것인지는 누구나 아는 상식입니다. 어린아이도 알 수 있는 것입니다.

그렇다면 예수님의 기준이 무엇일까요? 한 번 생각해 보세요. 거의 죽게 된 사람을 외면하지 않고 사마리아인이 이웃이 되어주었다면 그들은 서로의 이웃이 될 수 있습니다. 예수님께서 말씀하신 비유의 의미는 자비가 필요한 관계도 이웃이라는 것입니다. 자비가 필요한 관계는 한쪽이 많이 부족하다는 뜻입니다. 그래서 자비는 베푸는 것이지

주고받는 관계가 아닙니다.

그렇다면 율법교사의 기준도 짐작할 수 있습니다. 율법교사의 기준은 자비가 필요한 관계는 이웃이 아니라는 것입니다. 율법교사의 이웃들을 보십시오. 제사장과 레위인, 그들과 비슷한 사람들입니다. 바리새인이 주도하는 유대의 상류 사회는 로마의 사회계급 구조와 닮아있습니다. 서로 유유상종하며 도와주고 도움받는 구조입니다. 그들도 자비를 베풀지만, 자비의 대가는 철저한 복종입니다.

자비는 대가를 바라는 것이 아닙니다. 율법교사에게 이웃은 서로 끼리끼리 어울릴 수 있는 사람입니다. 끼리끼리 어울리는 그런 과정이 반복되면 자연스럽게 계급이 형성됩니다. 결국, 사람 위에 사람이 있고 사람 밑에 사람이 있게 되는 것이죠.

"네가 점심이나 저녁이나 베풀거든 벗이나 형제나 친척이나 부한 이웃을 청하지 말라 두렵건대 그 사람들이 너를 도로 청하여 네게 갚음이 될까 하노라" (눅 14:12)
"너희가 너희를 사랑하는 자를 사랑하면 무슨 상이 있으리요 세리도 이같이 아니하느냐 또 너희가 너희 형제에게만 문안하면 남보다 더하는 것이 무엇이냐 이방인

율법교사와 예수

서로 주고받는 것이 가지는 위험성을 경고하신 것입니다. 어떤 위험성이 있을까요? 사랑한다고 착각하는 것입니다. 사랑해야 할 대상을 알고 있다고 착각하는 것입니다.

그렇다면 자비가 필요한 관계도 이웃이라는 말의 의미가 무엇일까요? 이웃은 한계가 없다는 뜻입니다. 경계가 없다는 뜻입니다. 여성, 아이, 노인, 예수님 당시의 창녀, 세리, 노동자, 질병을 가진 자들도 이웃이라는 것을 예수님께서 몸소 보여주셨습니다.

자비는 남자와 여자, 주인과 종, 가진 자와 없는 자, 내 것과 남의 것, 배움과 배우지 못함, 아름다움과 추함의 경계를 가지고 있지 않습니다. 이웃의 경계가 없다는 것을 인정하려면 우리가 속한 공동체의 이념을 넘어서는 힘이 있어야 합니다.

율법교사에게는 율법을 넘어서는 힘이 있어야 합니다. 가족은 가족을 넘어서는 힘이 있어야 합니다. 교회는 교회를 넘어서는 힘이 있어야 합니다. 지역은 지역을 넘어서는 힘이 있어야 합니다. 민족과 국가는 민족과 국가를 넘어서는 힘이 있어야 합니다. 우리는 여기에서 우리에게 그런 힘이 있는지 물어야 합니다.

율법교사가 얻고자 했던 생명은 무엇입니까? 영생은 무엇입니까? 인간의 생명은 외부의 에너지를 흡수해야 합니다. 그래서 욕慾이 있습니다. 식욕 같은 것입니다. 그러나 예수님의 생명은 외부의 도움 없이도 존재하는 것입니다. 욕慾이 필요 없는 상태입니다. 욕망이 멈춘 상태입니다. 충만입니다. 만족한 상태입니다. 욕망을 추구하는 율법교사가 생명을 말할 수 있을까요?

자비는 끼리끼리 만든 급을 스스로 허무는 능력이 있습니다. 자비는 위에서 아래로 스스로 내려와 조직의 급을 전복시키는 힘입니다. 이 부분이 율법교사가 본 예수님의 위법입니다. 예수님께서 정치범으로 죽으신 이유이기도 합니다.

성도 여러분! 예수님께서는 하나님의 자리를 내려놓고 인간의 몸으로 오셔서 자비가 무엇인지 보여주셨습니다. 이웃이 무엇인지 보여주셨습니다. 그래서 예수님이 생명입니다. 예수님을 경험한 사람들은 욕망을 멈추고 충만을 경험합니다. 성서는 충만을 경험한 사람들의 생명 안내서입니다. 기독교인은 충만을 경험한 그들의 삶으로 들어가서 그들이 경험한 생명을 풀어야 하는 운명을 가진 사람들입니다. 성서 속의 인물들이 경험한 예수님의 생명을 충만하게 누리시는 성도님들이 되시기를 소망합니다.

왜람된 설교

하나님은 영이시라

요한복음 4:19~26

¹⁹여자가 이르되 주여 내가 보니 선지자로소이다 ²⁰우리 조상들은 이 산에서 예배하였는데 당신들의 말은 예배할 곳이 예루살렘에 있다 하더이다 ²¹예수께서 이르시되 여자여 내 말을 믿으라 이 산에서도 말고 예루살렘에서도 말고 너희가 아버지께 예배할 때가 이르리라 ²²너희는 알지 못하는 것을 예배하고 우리는 아는 것을 예배하노니 이는 구원이 유대인에게서 남이라 ²³아버지께 참되게 예배하는 자들은 영과 진리로 예배할 때가 오나니 곧 이 때라 아버지께서는 자기에게 이렇게 예배하는 자들을 찾으시느니라 ²⁴하나님은 영이시니 예배하는 자가 영과 진리로 예배할지니라 ²⁵여자가 이르되 메시야 곧 그리스도라 하는 이가 오실 줄을 내가 아노니 그가 오시면 모든 것을 우리에게 알려 주시리이다 ²⁶예수께서 이르시되 네게 말하는 내가 그라 하시니라 (요 4: 19~26)

유대인과 사마리아인은 오랜 기간 서로를 인정하지 않고 증오해왔습니다.

사마리아 여인이 예수님께 한 이 물음은 두 지역 간의 증오의 정도를 짐작하게 합니다. 종교와 정치가 분리되지 않은 시대의 믿음과 신앙은 민족과 나라를 지탱해주는 아주 중요한 요소였습니다. 예수님의 시대에는 민족과 나라를 생존하게 만든 두 믿음이 충돌하고 있었습니다. 여인이 질문한 '누가 옳은 예배인가?'는 곧 '어떤 믿음이 생존에 더 유리한가?'의 문제입니다. 이것은 죽느냐 사느냐의 문제인 것입니다.

유대와 사마리아는 각각의 믿음으로 생존해 왔습니다. 그것은 자신의 믿음과 믿음의 대상에 대한 확신이 있다는 뜻입니다. 그래서 그들의 문제를 쉽게 해결하기 어려웠던 것입니다. 사마리아 여인이 예수님을 선지자로 생각하였기 때문에 가능한 질문이었지만 답하기는 어려운 것이었습니다. 이제 어려운 문제에 대한 예수님의 답을 읽어보겠습니다.

> "예수께서 이르시되 여자여 내 말을 믿으라 이 산에서도 말고 예루살렘에서도 말고 너희가 아버지께 예배할 때가 이르리라" (요 4:21)

예수님께서는 일단 사마리아 지역의 산과 예루살렘 모두 아니라고 답하십니다. 이 답을 두 지역이 인정할 수 있을까요? 불가능하다고 보는 것이 맞을 것입니다.

그런데 예수님의 답을 들여다보면 이상한 것이 보입니다. 두 지역의 예배장소를 부정하고 제시한 것이 이상합니다. 보통 중재안이라면 두 지역의 중간 정도를 제시하는 것이 맞습니다. 그중에 벧엘이나 실로는 이스라엘 전체를 아우르는 영적인 장소로 그 대안이 될 수 있습니다.

그러나 예수님의 중재안은 장소가 아닙니다. 아버지께 예배할 때가 올 것인데, 지금이 바로 그때라고 하십니다. 그리고 하나님께서 지금 예배하는 자들을 찾고 계신다고 말씀하십니다. 이 말씀을 하시고 아주 중요한 말씀을 하십니다.

"하나님은 영이시니 예배하는 자가 영과 진리로 예배
할지니라"(요 4:24)

24절에서 중요한 단어는 '영이시니', 쉬운 성경은 '영이시기 때문에'입니다. 하나님이 영이시기 때문에, 사람도 하나님과 보조를 맞추어야 한다는 뜻입니다. 예수님의 말씀에 비추어 보면 장소는 영에 속하지 않습니다. 사마리아 여인은 진정한 장소가 어디인지 물었지만 예수님께서는 장소의 문제가 아니라는 답을 하신 것입니다.

왜 이렇게 답을 하셨을까요? 제 3의 장소로는 서로에 대한 무시와 증오를 멈출 수 없다고 본 것입니다. 예수님께서는 두 예배 장소의 대안으로 영과 진리를 제안하셨습니다. 이제는 장소와 영의 관계를 살펴서 예수님의 의도를 알아보겠습니다.

장소는 땅 위에 있고 언제든 마음만 먹으면 갈 수 있습니다. 성전에 가면 예법을 통해서 제사를 드리고 하나님께 답을 얻습니다. 이것이 오랜 시간 반복되면 하나님의 행동이 예측 가능해집니다.

이제 예배는 인간이 주도하게 되고 하나님은 인간의 법에 갇히게 됩니다. 하나님은 인간의 도구로 전락하게 되어

기득권에게 명분을 제공하는 우상이 되고 맙니다. 바로 이때 자신들의 예배가 우수하거나 우월하다고 선언되고 인간의 열정이나 헌신 그리고 무조건적인 믿음과 복종이 강조됩니다. 그들은 자신을 의롭다고 생각하고 하나님을 독점하려고 합니다. 그리고 자신의 예배에 속하지 않는 모든 것을 배척하고 무시합니다.

이와 같은 생각은 사마리아인과 유대인 모두가 마찬가지였습니다. 그러므로 장소에 기반을 둔 두 확신은 충돌할 수밖에 없었습니다. 서로 증오할 수밖에 없었던 것입니다.

예수님께서 "하나님은 영이시니"라고 말씀하신 의미가 예상이 되시죠. 영은 인간이 만지거나 소유할 수 없는 것입니다. 걸어가서 만날 수도 없고 자신이 원하는 때에 만날 수 있는 것도 아닙니다. 그래서 예측하거나 도구로 사용할 수 없고 독점도 불가능합니다. 영은 보이지 않아서 자신을 의롭다고 판단할 수 있는 근거가 되지 못하기 때문에 자신이 드리는 예배의 우수성이나 우월성을 내세울 수 없게 됩니다. 예수님께서는 장소의 한계를 극복하지 않으면 예배가 불가능하다고 말씀하신 것입니다.

이제 "예배하는 자가 영과 진리로 예배할지니라" (요 4:24)

하나님은 영이시라

를 해석합니다. '영과 진리'는 '하나님은 영이시기 때문에'의 의미 안에서 해석되어야 합니다.

장소는 언제든 갈 수 있기 때문에 하나님을 인간의 도구로 만들 수 있다고 했습니다. 그래서 하나님을 인간의 도구로 만들 수 있게 하거나 독점할 수 있게 만드는 해석은 문제가 있습니다. 대표적인 것이 '마음을 다하면', '진심으로 예배하면', '간절히 예배하면'과 같은 해석들입니다. 이것은 '사마리아와 유대의 예배장소'와 다를 것이 없습니다.

'영과 진리의 예배'는 하나님은 영이서서 인간이 통제하거나 도구로 삼을 수 없는 예배입니다. 영과 진리는 더 이상 해석되어서는 안 됩니다. 우리가 알 수 없는 세계이기 때문에 신비로 남겨져야 합니다. '어떻게 드리는 것이 예배인가?' 늘 고민하는 예배가 되어야 합니다. '이렇게 드리는 것이 영과 진리의 예배'라고 정의하지 못하게 해야 올바른 해석입니다.

장소의 한계를 극복해야 한다는 의미의 말씀이 하나 더 있습니다.

"곧 이때라" (요 4:23)

왜람된 설교

하나님께서는 때를 정하시는 분입니다. 인간의 의로움이나 우월성의 근거로 사용할 수 없는 분이지만 배타적으로 그분의 때가 되면 인간을 찾아오시는 분입니다. 예수님께서는 가난한 자들을 찾아오셨고 의로움의 근거가 되어 주셨습니다. 그것은 우리가 간절해서가 아니라 하나님의 결정입니다. 그래서 예수님은 우리의 메시야입니다. 우리를 구원하셨습니다.

영성은 하나님을 인간이 알 수 있게 드러내려는 것이 아니라 하나님을 알 수 없는 분으로 인정하는 것입니다. 그런 곳에 예배가 있고 평화가 있습니다.

성도 여러분! 하나님은 영이십니다. 부디 우리의 예배가 신령과 진정으로 드리는 예배가 되기를 바랍니다.

하나님은 영이시라

친구

요한복음 15:13~15

[13]사람이 친구를 위하여 자기 목숨을 버리면 이보다 더 큰 사랑이 없나니 [14]너희는 내가 명하는 대로 행하면 곧 나의 친구라 [15]이제부터는 너희를 종이라 하지 아니하리니 종은 주인이 하는 것을 알지 못함이라 너희를 친구라 하였노니 내가 내 아버지께 들은 것을 다 너희에게 알게 하였음이라 (요 15:13~15)

저는 설교할 때 본문이 선포된 장소와 때를 중요하게 생각합니다. 그 이유는 성경말씀이 어떤 특정한 상황을 두고 하신 말씀이기 때문입니다.

설교의 제목이 친구인데, 친구라는 단어가 어떤 상황에서 사용되었는지 알아야 합니다. 특정한 상황에서의 의미를 알고 나서야 우리는 보편적인 삶에 적용이 가능할 것입니다.

그럼 선포된 말씀의 상황을 살펴보겠습니다. 요한복음 15장은 제자들이 서로 사랑하기를 바라시는 내용입니다. 그 이유는 제자들이 처해 있는 상황, 곧 교회가 처해 있는 상황 때문입니다.

> "내가 너희에게 종이 주인보다 더 크지 못하다 한 말을 기억하라 사람들이 나를 박해하였은즉 너희도 박해할 것이요 내 말을 지켰은즉 너희 말도 지킬 것이라" (요 15:20)

어떤 뜻일까요? 주인을 박해한 사람들이라면 종은 말할 것도 없다는 뜻입니다. 주인을 두려워하지 않는 사람들이 종을 두려워할까요? 박해의 정도가 예수님의 때보다 더 심할 것이라는 말입니다. 실제로 바리새인들은 예수님을 선지자로 여기는 백성들로 인해 그들의 눈치를 보았습니다. 그러나 이제는 눈치 볼 필요가 없어진 것입니다.

> "그러나 이는 그들의 율법에 기록된 바 그들이 이유 없이 나를 미워하였다 한 말을 응하게 하려 함이라" (요 15:25)

이유 없는 박해는 무섭습니다. 이유를 찾을 수 없는데 박해하는 것입니다. 최근 사회에 문제가 되는 것이 불특정 인에게 하는 폭행이나 살인입니다. 피해를 당하는 사람과는 아무 상관 없이 하는 행위로, 그것은 그 자체가 공포입니다.

> "사람들이 너희를 출교할 뿐 아니라 때가 이르면 무릇 너희를 죽이는 자가 생각하기를 이것이 하나님을 섬기는 일이라 하리라" (요 16:2)

출교의 수준이 아니라 죽음까지 이르는 박해입니다. 기독교인들을 박해하는 것이 하나님을 섬기는 일이라면, 예수님을 따르는 일은 하늘의 뜻을 거스르는 일이 됩니다. 우주의 방향을 거스르는 이단이고, 인간에게 해를 끼치기 때문에 제거의 대상이 됩니다. 천명을 거스르는 것을 제거하는 것은 양심의 가책을 받지 않기 때문에 무서운 일이며, 사회나 국가, 또는 법이나 상식의 보호를 받을 수 없습니다. 엄청난 위기입니다.

제자들이 서로 사랑하기를 바라시는 이 말씀은 이런 박해의 순간에 선포되었습니다. 죽음을 각오해야 하는 긴박한 상황 속에서 예수님께서는 서로 사랑하라고 말씀하신

것입니다. 그리고 사랑할 수 있는 근거를 예수님께 두고
있습니다.

포도나무 가지가 포도나무에 붙어 열매를 맺는 것처럼
예수님 안에 있으면 사랑할 수 있다는 말씀입니다. 그렇다
면 그 말씀과 친구라는 단어가 어떻게 연결되는지를 찾아
가 보겠습니다. 오늘 설교의 포인트입니다.

본문이 어떤 특정한 상황에서 나왔듯이 친구라는 단어
도 어떤 특정한 상황에서 나왔을 것입니다. 우리는 친구라
는 단어가 가지는 여러 의미를 생각할 수 있습니다. 그러
나 오늘은 그중 한 의미를 찾아야 합니다.

어떤 의미일까요? 본문을 읽어보아도 친구를 직접 설명
하는 것은 없습니다. 13절은 친구를 직접 설명하지 않았
고, 14절도 '나의 친구'라는 말씀이 나오기 때문에 직접적
인 설명이 아닙니다.

이렇게 친구를 직접 설명하지 않을 때는 친구라는 단어
와 비유된 단어를 찾으면 됩니다. 친구와 대비되는 단어는
무엇일까요?

'종'입니다. 종의 의미도 많이 있습니다. 그러나 우리는 본문에서 사용된 특정한 의미만으로 제한해야 합니다. 여기에서 사용된 종의 특정한 의미는 “종은 주인이 하는 것을 알지 못함이라” 입니다. 무슨 뜻일까요? 종은 주인의 의중을 알 필요가 없는 사람이므로 무조건 따라야 한다는 뜻입니다. 복종입니다.

친구라는 단어를 종과 대비하였으니 친구는 어떤 뜻일까요? 종의 의미와 반대되는 의미가 있을 것입니다. 친구는 복종하는 관계가 아니라는 말입니다. 해도 되고 안 해도 되는 관계라는 뜻입니다. 그렇기 때문에 상은 있어도 벌은 받지 않습니다.

친구를 위하여 죽으면 그보다 더 큰 사랑이 없다는 것은 안 죽어도 되는 데 죽었기 때문입니다. 정리하면 '종'은 선택할 수 없다는 뜻이고, '친구'는 선택할 수 있다는 뜻입니다.

친구는 무조건 따라야 하는 사람이 아니라 선택하는 사람이기 때문에 친구의 사정을 알아야 합니다. 무엇을 알게 되었을까요? 제자들은 예수님의 뜻, 곧 하나님의 뜻을 알게 되었습니다. 이 말은 곧 예수님의 죽음과 부활의 의미를 알게 되었다는 것입니다.

여기에서 친구의 의미는 어떤 말로 대체 할 수 있을까요? 하나님을 경험하는 것입니다. 하나님을 경험하는 것은 죽는 것이 사망이 아닐 수 있고, 사는 것이 생명이 아닐 수 있다는 것입니다.

지금까지 제자들은 자신의 욕망을 채우는 것을 '사는 것'이라고 생각하였습니다. 그래서 예수님을 이용해서 자신의 욕망을 채우려고 한 것입니다. 대표적인 것이 새로운 세상에서 예수님의 오른쪽과 왼쪽에 앉고 싶어했던 것입니다.

그러나 예수님의 십자가와 부활은 죽음과 삶에 대한 새로운 발견이었습니다. 그것을 발견하는 것이 친구입니다. 그런 사람들이 모인 곳을 교회라고 부릅니다. 죽음이 생명이 된다는 것을 아는 사람들에게 박해나 죽음은 더 이상 위협이 되지 않습니다.

친구는 그래서 선택할 수 있는 능력을 갖게 된 것입니다. 사는 것, 죽는 것을 다르게 바라볼 수 있는 경험이 곧 하나님 경험입니다. 그래서 친구는 친구의 고통을 외면할 수 없어 박해와 죽음을 선택하는 것입니다.

> "요한의 아들 시몬아 네가 이 사람들보다 나를 더 사랑하느냐 하시니 … 이르시되 내 어린양을 먹이라" (요 21:15)

죽음을 경험한 사람, 하나님을 경험한 사람, 곧 선택할 수 있는 능력을 가진 자들에게 주어지는 것이 소명입니다.

성도 여러분! 초대 교회는 종의 길이 아니라 친구의 길이었습니다. 하나님의 마음을 아는 것, 그리고 그 길에 동참하는 삶이 친구의 삶입니다. 친구의 삶을 성령 충만의 삶이라고 말할 수 있습니다. 성령이 충만하여 하나님의 친구로 살아가는 성도님들이 되시기를 소망합니다.